Exu Rei Tiriri

A Jornada Evolutiva de um Guardião

José Augusto Barboza
(Ditado por Akir Iunan Hamfér-Yê)

Exu Rei Tiriri

A Jornada Evolutiva de um Guardião

© 2024, Madras Editora Ltda.

Editor:
Wagner Veneziani Costa (*in memoriam*)

Produção e Capa:
Equipe Técnica Madras

Revisão:
Maria Cristina Scomparini
Neuza Rosa

Dados Internacionais de Catalogação na Publicação (CIP)
(Câmara Brasileira do Livro, SP, Brasil)

Akir lunan Hamfér-Yê (Espírito).
 Exu Rei Tiriri: a jornada evolutiva de um guardião/ditador por Akir lunan Hamfér-Yê; [psicografador por] José Augusto Barboza. – São Paulo: Madras, 2024.
 Bibliografia.
 ISBN 978-85-370-0975-8
  1. Orixás 2. Psicografia 3. Umbanda (Culto)
 I. Título.

15-05712   CDD-299.6

 Índices para catálogo sistemático:
 1. Orixás: Culto: Religiões de origem africana
 299.6

É proibida a reprodução total ou parcial desta obra, de qualquer forma ou por qualquer meio eletrônico, mecânico, inclusive por meio de processos xerográficos, incluindo ainda o uso da internet, sem a permissão expressa da Madras Editora, na pessoa de seu editor (Lei nº 9.610, de 19/21998).

Todos os direitos desta edição reservados pela

MADRAS EDITORA LTDA.
Rua Paulo Gonçalves, 88 — Santana
CEP: 02403-020 — São Paulo/SP
Tel.: (11) 2281-5555 – (11) 98128-7754
www.madras.com.br

Agradecimentos

Registro aqui minha gratidão ao Pai José Roberto Molinari, que sempre me apoiou, e a toda família que ele representa; e também aos irmãos do C. E. Fraternidade Humana, em especial ao Pai Edmarcos e à Mãe Soraya.

Dedicatória

Dedico esta obra à minha esposa, Divani da Costa, e aos meus filhos, Layla e Fábio, pela paciência e pelo carinho que tenho recebido na forma de incentivo para continuar minha missão.

Índice

Capítulo 1 – O Início 11

Capítulo 2 – A Nova Pátria 17

Capítulo 3 – A Fuga 31

Capítulo 4 – Despertando Para a Nova Realidade 45

Capítulo 5 – A Queda 57

Capítulo 6 – O Mistério 71

Capítulo 7 – O Resgate 83

Capítulo 8 – As Missões 93

Capítulo 9 – Os Trabalhos 107

Capítulo 1

O Início

Seguia-se o ano 1239 d.C., e eu me encontrava já idoso e moribundo no leito da morte iminente, deveras fragilizado e acometido por várias doenças. Como se não bastasse todo esse sofrimento, as lembranças amargas e macabras pairavam na mente profana e vil. Relutava o tempo todo, pois não conseguia crer que, com todo o poder que tinha, pudesse sentir vergonha dos atos inenarráveis praticados por mim durante minha carreira de inquisidor.

Bocas enormes com presas de fogo surgiam em meu subconsciente, trazendo nelas o veneno cruel dos estupros, degolas, torturas e gemidos das almas queimadas nas fogueiras da Inquisição. As aparições, cada vez mais constantes, nos dolorosos pesadelos me amedrontavam sobremaneira, fazendo-me gemer durante as noites que pareciam intermináveis, assim como os dias. Aprisionado naquele cômodo monótono da igreja, aguardava a hora final em companhia de enfermeiros e assistentes tão estúpidos quanto eu, que se punham a rezar, como se tal atitude fosse proporcionar algum alívio para minha alma já condenada ao inferno.

Contava 82 anos de vida e me chamava Gregórius; prefiro não revelar o verdadeiro nome de batismo, já que não vem ao caso. Nasci na Alemanha em 13 de janeiro de 1157, mas fui criado na capital francesa por motivos religiosos. Segundo filho de uma família nobre e muito rígida com relação às tradições católicas, foi pelo desejo de mamãe que me tornei sacerdote.

Desde muito pequeno fui educado em escola de padres e por esse motivo não conheci as delícias e os prazeres carnais na juventude. Minha mãe acreditava que só a pureza e a castidade poderiam me proporcionar as virtudes necessárias para servir à Igreja com dignidade. Mas o que ela não sabia é que por trás daquele véu de santidade se escondia outro mundo completamente diferente.

Nos porões das grandes catedrais e seus bancos de confessionários, uma realidade à parte se apresentou, descortinando o palco da luxúria e do prazer. Como era um jovem atraente no início, algumas mulheres se ofereceram a mim. Mas então veio a famosa Santa Inquisição, como se resolveu denominar na época, para coroar minha malfadada carreira bestial. Eis aí a razão para tantos delírios e pesadelos infernais.

Já entregue à morte, senti a derradeira punhalada do infarto fulminante. Para meu espanto, levantei-me assustado e fiquei vendo meu corpo inerte rodeado por seres assombrosos querendo me devorar as entranhas. Então saí correndo sem sentir o peso da velhice em minhas pernas, tal como um coelho assustado; entrei num túnel completamente escuro aparentemente sem vida.

Tropeçava e levantava sem saber no que estava pisando e seguia adiante, mesmo sem saber aonde ia. Nada sentia de bom, apenas dor e medo, mas do quê? Por que estava correndo? "Talvez de mim mesmo, dos meus horrores", respondia-me. E assim permaneci um bom período, ignorante do fato de que o corpo carnal já estava putrefato na cova.

Então um pássaro de enormes proporções, com asas de fogo e sete cabeças, me alcançou; fincou suas garras pontiagudas em meu crânio e alçou voo pela escuridão sem fim, causando-me uma dor lancinante. A luz de suas asas iluminava parcialmente a paisagem desoladora do solo. Meu pânico aumentou. Será mesmo que eu corria por cima daquilo tudo? Mas a dor excruciante me fez esquecer a resposta.

Quando nada mais se via abaixo, uma das cabeças do pássaro deu um grito agudo e ensurdecedor e me soltou em pleno ar. Caí por aquele abismo gritando desesperadamente, e a queda parecia não ter mais fim. Abruptamente me estatelei em um monte de caveiras, aumentando ainda mais as dores do corpo espiritual.

Ali permaneci estático por incontável tempo. Outros eventos horripilantes completaram meu suplício. Obviamente eu buscava alguma explicação plausível para aquilo tudo. A consciência hipócrita recorria ao criador supremo buscando alguma justificativa. Pois, sendo eu um apóstolo das escrituras sagradas, absolvedor de almas pecadoras, não poderia estar passando por aquela humilhação descabida...

Assim eu pensava! Mas minhas súplicas, embora mentais, geravam apenas gargalhadas como resposta. Incontável foi o tempo que passei assim, clamando perdão e atordoado pela ilusão da fé que achei que tinha. Preso e torturado nas masmorras do ódio que semeei.

Uma luz surgiu então, através de uma porta que se abriu no alto daquela prisão. Milhares de almas se ajoelharam e estenderam os braços, tentando alcançar a saída inutilmente. Com a visão ofuscada, não consegui reagir da mesma forma. Limitei-me apenas a proteger os olhos cegos e sem vida. Mas algumas centenas de seres foram arrebatados dali e eu estava incluso nessa leva. E comecei a pensar: "Meu Deus, o que será que os pobres infelizes que lá ficaram fizeram de tão ruim para não virem também?".

Acomodado no interior de um veículo rústico e frio, continuei em minhas conjecturas íntimas, ignorando o fato de qual seria o destino reservado desta vez.

Num piscar de olhos as portas do auto se abriram e desembarcamos em um ambiente mais tranquilo, embora com pouca luz. Um ser disforme e de grande estatura organizou uma fila, empurrando-nos pelos ombros e conduzindo todos a outro salão repleto de leitos espalhados pelo chão.

Cada um de nós foi acomodado em um deles por outros seres semelhantes ao primeiro, ou seja, tinham os trejeitos humanos, mas seus corpos eram recobertos por um manto escuro.

Não posso precisar o tempo exato de minha permanência naquele recinto. Apenas sei que, enquanto as impurezas de minha mente não se esgotaram totalmente, a ponto de não saber mais pensar, ali fiquei. Era alimentado por um fluido espesso e amargo e obrigado a me banhar numa cascata de fumaça alva, que estranhamente higienizava todo meu perispírito e livrava-o de larvas que caíam às centenas pelo chão, as quais eram absorvidas instantaneamente.

Quando enfim me senti plenamente revigorado e já agoniado de tanto dormir, outro veículo transportou mais algumas almas e eu a outro lugar ainda mais iluminado. Lá fomos recepcionados por enfermeiros de aparência mais familiar. Estavam todos vestidos de uniformes azuis bem brilhantes e escuros e aplicaram em nós uma injeção sem sequer explicar para que servia.

A partir de então retomei a forma humana e fui regredindo até o estado fetal, quando fui reintroduzido na vida carnal involuntariamente e no berço africano. Eis que a verdadeira saga se iniciou.

Angola, ano 1650. Nascia mais um negrinho, e esse era eu, totalmente desprovido do luxo das vestimentas douradas de tecidos nobres e berço de ouro. Fui expulso do ventre materno quase à força, diretamente sobre a palha de uma cabana rústica. Mas fui pomposamente apresentado aos aldeões por ser o primogênito do futuro chefe da tribo. A tradição demandou festejos noite adentro.

Desenvolvi-me seguindo meu pai e seus companheiros. Ele exigia minha máxima atenção aos ensinamentos da caça, das estratégias de batalhas e demais tarefas estritamente masculinas. Mas intimamente meus interesses iam além dos morticínios. Eu alimentava profunda fascinação pelas artes da magia do babalaô, contrariando as expectativas de papai. Alheio aos meus desejos, o genitor me impunha tarefas de guerreiro, insistindo na tradição que aprendera com seu pai, que aprendeu com o avô, e assim se seguia por gerações a fio.

Sentia certo repúdio por andar seminuaquelas terras áridas e quase sem vida, assaltando outras aldeias e seguindo os demais costumes esdrúxulos. Mas deixei a vida seguir seu curso, sempre tentando me livrar desses sentimentos.

Por essa época as explorações devastadoras se iniciaram e com elas o ciclo da escravatura, bem como a decadência da raça africana. Irmãos eram capturados aos milhares e, sim, eu os tinha como irmãos, embora fossem inimigos, eram levados aos portos, onde embarcavam em naus com destinos desconhecidos.

Quando atingi a maioridade, fui assaltado pela curiosidade. Precisava saber que terras eram aquelas que recebiam tantos escravos de minha própria raça. Que riquezas haveria por lá? Para que tantos escravos? Não pude resistir. Precisava das respostas e, para tristeza de papai, me alistei voluntariamente para embarcar no próximo carregamento.

Mas por ser, digamos, um dos fornecedores, não recebi o mesmo tratamento dos infelizes nem viajei nos porões da embarcação. Entretanto, o som das chibatadas e os constantes gemidos me atormentavam os sentidos. Afinal, aqueles pobres negros eram meus semelhantes. Que mal teriam feito? Nada fazia sentido.

Então, subitamente, uma lembrança ruim me ocorria. O passado rodeava meu subconsciente e eu chorava sem querer e sem saber por quê. Esforçava-me para não ser notado e buscava distração nas lembranças da terra natal, nas brincadeiras no rio, enquanto limpava o convés malcheiroso. Até isso me trazia boas recordações, já que o deserto africano não cheirava a rosas.

Tudo parecia tão distante e, quanto mais eu inquiria, menos respostas encontrava. Divagava comigo mesmo sobre outro assunto que a mente pautou acidentalmente. Por que nos tempos de aprendizado, junto de meu pai e meus amigos, quando nos rituais de passagem eu até matei alguns animais, dando provas de minha bravura e virilidade, nas batalhas com outras tribos não conseguia matar nenhum semelhante? Resquícios de outras vidas? Talvez. Mas eu mal sabia o que estava fazendo naquele navio, que diria saber da existência de outras vidas carnais!

Indiferente às minhas questões, lágrimas, medos e o sofrimento dos conterrâneos, a nau seguia seu curso à tona do imenso mar infinito, ora calmo, outras bravio, como a querer castigar a insolência dos comandantes e marinheiros bêbados. Até que chegamos ao destino planejado, numa terra chamada Brasil.

Capítulo 2

A Nova Pátria

Finalmente, após meses a fio de viagem entediante, avistei a terra. Foi uma visão maravilhosa, é claro, muito diferente da que estava habituado a ver. Apesar do clima semelhante, a nova terra, ainda pouco explorada, assemelhava-se ao paraíso; mas o que me esperava nela eu não sabia.

Antes de desembarcar tive ainda de recrutar alguns irmãos para limpar os porões fétidos da embarcação, que, além de fezes e vômitos, tinham alguns cadáveres em avançado estado de decomposição. Meu coração se encheu de tristeza ao ver meus semelhantes seminus, enquanto eu usava calçado, vestia calças e camisa, apesar de surrada e suja. Porém, naquele momento, eram eles ou eu. Fingi apressá-los dando chibatadas no ar e no chão, mas não neles diretamente.

Aqueles olhares indefesos, vermelhos e cansados, que demonstravam medo e revolta ao mesmo tempo, jamais deixaram minha memória. Pedia desculpas em nosso dialeto, evidenciando minha compaixão e depois esbravejava alto manejando a chibata, esboçando um leve sorriso disfarçado. Creio que fui compreendido. Com o fim da tarefa pude finalmente desembarcar.

O porto parecia mais sujo que a nau. Em meio à gritaria generalizada, testemunhei como os negros eram negociados, apesar de não entender quase nada do que falavam os negociantes. Os nobres com suas pomposas vestimentas caminhavam em meio aos troncos, examinando os homens como se fossem animais; olhavam os dentes e as narinas, expondo as partes íntimas e depois os classificavam conforme o brilho da pele e tamanho do sexo.

Aquilo me causou asco e arrependimento, mas já era tarde. Mantive-me ereto, braços cruzados no peito sem olhar para os lados, enquanto era observado de longe. Esbanjava em minha postura o orgulho de minha raça, pois fora criado como um guerreiro. Naqueles breves momentos senti algo parecido como se um peso fosse tirado de minhas costas, talvez representasse o alívio do assombroso passado de bispo e toda sua pompa.

Suspirei suavemente, tentando abrandar meus pensamentos. Aproximou-se de mim um homem de meia-idade, altura mediana e que fedia mais que o porão do navio. Apalpou-me por toda parte, olhou para o capitão da nau e disse irônico:

– Esse negro parece-me bom, olha lá. É forte, tem bons dentes e músculos firmes. Dará um bom capitão-do-mato.

Então fez sua oferta.

– É muito pouco, senhor Venâncio, isso não paga nem a viagem. Ora, vamos, sei que pode melhorar isso, pois não?

Após alguns minutos de discussões, o tal homem fechou seu lote de escravos. Antes de seguir a fila de irmãos acorrentados, dei uma última olhada para o mar. Sangrava por dentro, ferido pela lança implacável da saudade e também por aquelas pobres almas desnudas, cruelmente atadas em correntes pesadas.

Não contive as lágrimas sorrateiras que deslizavam pela face, misturando-se ao suor. Abaixei a cabeça, resignado, e sequei o rosto disfarçadamente. Mas não percebi que de dentro da carruagem alguém me observava e notou meu pesar. Seguiram-se dias e dias de exaustiva viagem por estradas rústicas, perigosas e esburacadas em meio às paisagens áridas, porém muito belas de se ver. Quando um ou outro caía, apressava-me em socorrê-lo, mas era categoricamente interrompido.

– Não faça mais isso – ordenou-me um dos empregados –, senão perderá a autoridade e será difícil contê-los depois.

Fiquei imaginando de onde ele tirou a ideia de que eu queria algum tipo de autoridade e relevei. Segui a caravana triste. Quando anoitecia, acampávamos à beira do rio; e lá se podia beber, como animais, e do mesmo jeito se comia, em cochos.

Quando chegamos à fazenda, no interior de uma província que hoje é chamada de Minas Gerais, os escravos foram levados para a senzala, onde não pude acompanhá-los. Fui alojado em outra dependência um pouco mais confortável, junto a outros dois homens.

– Selônio... – gritou o senhor feudal.

– Sim, patrão – atendeu o serviçal solícito.

– Pois quero que cuide desse novo criado, mostre-lhe o alojamento, dê-lhe de comer e depois comece a ensinar-lhe o português. Custou-me caro, ora, pois, além de capitão-do-mato, tenho outros planos para ele, olha lá!

– Sim senhor, agora mesmo.

Por dentro eu ria daquele idioma esquisito e cantado. Como pode alguém falar assim? Pensava eu, alheio ao fato de que teria de aprender a falar aquela linguagem engraçada.

Como fora ordenado, nos meses seguintes Selônio desdobrou-se entre ensinar-me o idioma português e as tarefas de vigilante. Comecei a sair para os campos para vigiar meus semelhantes que eram forçados a trabalhar nas lavouras de cana-de-açúcar. Algo além de meu conhecimento me assombrava. Sentia-me deveras incomodado ao ver aqueles miseráveis trabalhando forçadamente sem direito algum e em condições tão precárias.

Quando algum tentava fugir, era melhor que morresse, pois o castigo no tronco, humilhado à frente de todos para servir de exemplo, era muito pior.

No fundo o castigo maior era meu, que os capturava sempre. Contudo, depois de presenciar tais barbáries, deixei alguns fugir secretamente, já que as dores do açoite começaram a doer mais em mim do que nos infelizes. Mas isso só era possível quando o plantio estava alto, o que dificultava a visão dos outros sentinelas. Depois que eles entravam nas matas vizinhas, as habilidades ancestrais deles eram imbatíveis.

Certa noite, quando nos preparávamos para dormir depois do turno de vigilância, notei que o companheiro carregava um pequeno saco no pescoço. Curioso inquiri:

– O que é isso em seu pescoço, Selônio?

– Um patuá e serve de proteção contra os inimigos!

– Pá... O quê?

– Patuá. Se você não tem, é melhor fazer.

Claro que as conversas não eram assim tão coloquiais e rebuscadas, digamos que soava assim em tom sertanejo de difícil colocação em papéis. Adormeci pensando naquilo. Para que patuá? Proteção de que ou de quem? Tempos depois é que me inteirei da religiosidade do companheiro e pude entender melhor o significado daquilo. Minha proteção vinha de dentro, de minha fé nos ensinamentos do velho babalaô e da aldeia mãe, nas minhas habilidades de guerreiro e em algo mais de vidas regressas, de que minha ignorância da época não permitia o total entendimento.

Certa manhã fui convocado pelo coronel para ter com ele na casa grande. Atendi o chamado imediatamente.

– Olha cá, negro, tu já entendes o que digo?

– Não completo, mas sim!

– Não, não... Diga completamente, é o mais correto!

– Sim...

– Sim o quê? Com quem, diabos, pensas que estás a falar?

– Sim, senhor!

– Assim está melhor. Chamei-o aqui porque soube de teu histórico na África e vi que és um guerreiro. Isto é verdade?

– Sim, senhor.

– Pois bem. Tenho uma missão para ti. Minha filha, a sinhá Rosa, terá de ir à capital para um casamento, junto de minha esposa e meu filho; mas, como não poderei ir, quero que faças a escolta da carruagem, pois que a estrada anda muito perigosa, muitos assaltantes a permeiam, assim como negros fujões. Então recomendo o máximo cuidado. Está bem?

– Sim, senhor!

– Ora pois, será que só sabe falar isso. Entendeste bem tudo o que falei?

– Entendi sim. Deste-me uma missão e acatei respondendo como o senhor mandou.

– Então, vá. Pegue tudo que achar necessário. Amanhã bem cedo partirão.

Atendi a recomendação do chefe. Preparei minha arma, que aprendi a manusear com Selônio, escolhi um bom cavalo e fui auxiliar Francisco e Hilário a limpar a carruagem. Os dois novos companheiros inspiravam-me mansuetude e humildade. O silêncio deles durante o trabalho às vezes incomodava, mas o brilho da pele demonstrava algo mais que a cor. Neles a dignidade e a sabedoria aportaram honradamente.

Ao alvorecer, realizei sozinho meu culto de guerreiro. Com uma lança empunhada na destra, a qual eu não abria mão de usar. Vestes rubras enroladas na diagonal do corpo esguio e musculoso, dancei ante o sol nascente, entoando um canto Iorubá de grande poder. Não percebi que meus irmãos acompanhavam a certa distância, pois o transe me dominou. Os pés descalços batiam firme no chão e eu transcendi numa viagem mental até a terra mãe.

Depois me vesti conforme devia ser, encilhei minha montaria e me pus à disposição para partirmos. Foi então que me dei conta da beleza da moça que iria escoltar. Eis que havia encontrado a verdadeira razão para tanta preocupação por parte do coronel Venâncio.

Seus olhos negros como jabuticabas maduras, cabelos negros longos e encaracolados adornavam o rosto meigo. Corpo torneado e tentador, apesar de oculto pelos longos vestidos da época. Mas o que ela iria querer com um negro como eu? Indaguei-me curioso ao notar seu olhar insinuante sobre mim. Foi aí que reparei que sua pele não era assim totalmente alva como a da mãe.

Achei estranho, mas deixei tais cismas de lado; queria apenas cumprir a missão delegada. Dei um salto e montei na sela, peguei uma fruta no alforje e, quando comecei a comê-la, a caravana partiu na cansativa viagem. Ao anoitecer nos aproximamos da orla marítima, já na divisa com a outra província.

Foi então que os perigos se apresentaram. Uma turba de assaltantes cercou a carruagem, mas me esquivei, pois meu instinto me impeliu a seguir a caravana de certa distância, o que impediu minha pronta captura. Silenciosamente apeei do cavalo, subi parcialmente em uma árvore próxima e vi que os companheiros me procuravam dizendo:

– O covarde nos deixou. E agora, o que vamos fazer? São muitos!

Enquanto isso, identifiquei o líder dos bandidos. Sorrateiramente caminhei pelo mato, tal qual um Leopardo, valendo-me da luz das tochas e, num salto ligeiro, aprisionei o infeliz pelas costas, fincando minha faca em seu pescoço.

– Que pensam que estão fazendo? – perguntei ao gatuno em nosso idioma.

– Vamos assaltar...

– Se quiser continuar vivo, sua única chance é ordenar a retirada de seus comparsas. A escolha é sua.

Totalmente dominado, o infeliz não teve escolha e ordenou que todos jogassem suas armas ao chão. Depois ordenei que Francisco ateasse fogo nelas. Em seguida, colocamos todos sentados e os amarramos uns aos outros.

– Tem sorte que não tenho como levá-los e que sou complacente, senão mataria todos. A ponta de minha lança tem sede de sangue, mas hoje ela está boazinha!

Retomamos a viagem, deixando-os à mercê da escuridão.

– Onde foi que se meteu?... Não sei seu nome! – perguntou-me Francisco.

– Ngare, que significa "o leopardo", esse é meu nome.

– "Uai", mas não te deram um nome daqui? – emendou Hilário.

– Sim. Antônio.

– Então fale Antônio e não esse outro nome... E por que nos deixou?

– Não deixei, apenas acho mais seguro acompanhá-los a distância. Se acaso estivesse muito próximo, seria capturado também e as coisas ficariam mais difíceis.

Percebi que a sinhazinha olhava orgulhosa pela janela e ainda ouvi a senhora Efigênia dizer ao filho em tom suave:

– Ainda bem que seu pai não mandou o idiota do Selônio, estou me sentindo mais segura agora.

Fiquei intrigado com o comentário da dona, mas tocamos a viagem por mais hora e meia, quando paramos numa estalagem, onde tratamos dos animais e passamos a noite. Comíamos ao redor de uma pequena fogueira, quando Francisco quebrou o silêncio perguntando:

– Diga, Antônio, onde aprendeu a ser tão bom guerreiro?

– Com meu pai. Ele era o chefe da tribo onde nasci; éramos guerreiros temidos e respeitados.

– Não reconheceu nenhum de seus irmãos por aqui?

– Ainda não. Não de minha tribo, mas minhas considerações íntimas me levaram a crer que, por sermos todos negros e da mesma terra, somos todos irmãos. Não somos animais, concorda?

– Gostaria que os brancos acreditassem nisso. Quando voltarmos, vou te convidar para ir ao nosso culto. Na senzala há um babalaô e todos os domingos nos reunimos para prestar nossas homenagens aos nossos ancestrais.

– Se o patrão deixar, irei. Será de bom grado.

– Creio que sim, ele o viu dançando hoje de manhã e não falou nada.

– Mas me responde uma coisa, irmão: qual foi a razão do comentário da senhora Efigênia sobre o Selônio?

– Huuummm... Já fizemos duas ou três viagens com ele na guarda e todas a vezes fomos assaltados, mas ele não esboçou reação nenhuma. Apenas segurava aquele saco pendurado no pescoço e deixava todo mundo à mercê dos ladrões. Pensei até que você fosse fazer o mesmo. Covarde, isso sim, ele é!

– Pareceu-me um bom companheiro!

– Cuidado com ele, isso sim.

Após alguns momentos de silêncio, acomodamo-nos nas camas improvisadas com palhas para dormir. Embora a advertência de Francisco acerca de Selônio estivesse me incomodando, não resisti ao cansaço e adormeci profundamente.

A madrugada já avançava alta quando fui desperto suavemente por uma mão macia a me acariciar o peito exposto. Abri lentamente os olhos e fiquei surpreso com o que vi. A sinhazinha debruçou-se sobre meu corpo se oferecendo a mim com voracidade, desvendando suas delícias femininas, de modo que não consegui resistir. Até então não conhecia mulher nenhuma, pois me guardei para o dia de um suposto casamento, que obviamente não iria acontecer àquela distância da terra natal, portanto tal oferta não foi negada.

Sentindo na pele aqueles toques sutis e sensuais, acompanhados da visão inebriante da beleza juvenil da moça, não consegui conter a correnteza da paixão que se espalhou pelo meu corpo todo arrepiado. Totalmente dominado, me rendi à tentação. Depois de tudo terminado ela se retirou tão sorrateira quanto entrou.

Não consegui mais dormir. Incomodava-me a ideia de alguém descobrir aquela insanidade. E, mais ainda, senti que o amor havia lançado sua flecha certeira bem no meio de meu coração não menos juvenil. As horas se passaram lentas até o amanhecer, quando realizei novamente meu ritual particular e me preparei para partir.

Seguimos viagem sem mais contratempos, mas não consegui me livrar das lembranças da noite. "Será que foi um sonho?", perguntava-me. Afinal, o que há de tão especial em mim? Ela sim é uma joia rara e deverá se casar com alguém à altura, não comigo, um reles serviçal negro, pensava eu atônito.

Talvez fora um presente dos deuses. Mas o que fazer com o medo do tronco? Desonrar-me-iam? "Oh Senhor da Guerra, protegei-me", orava intimamente. Mas os olhares e sorrisos insinuantes da sinhazinha continuavam me perseguindo, mas o que fazer? Ignorar?

Finalmente atingimos o destino e durante a festa consegui me distrair com os companheiros que levaram na bagagem uma bebida. Igualmente outros serviçais. Desta forma passamos a noite rindo e bebericando até adormecer.

Já era tarde quando os festejos terminaram, e escutei gritos ecoando pelos jardins do grande palácio logo acima. Levantei-me rapidamente, tentando me recompor nas vestes, e saí assustado para ver do que se tratava. Vi que muitos nobres se apoiavam nas muretas e tentavam enxergar algo na vasta escuridão adiante. Então um senhor de porte nobre, vendo minhas características, chamou-me com autoridade e estupidez:

– O que faz aí, negro preguiçoso?

– Não sei o que aconteceu, senhor, apenas ouvi um grito.

– É minha filha, Antônio – emendou a Sinhá Efigênia por trás do homem. – Ela foi raptada.

– Esse escravo é seu, senhora Efigênia?

– Sim, o melhor capitão-do-mato que já vi!

– Pois então corra para lá, idiota, meu filho também foi capturado.

Atendi imediatamente o apelo, mais pelo meu coração do que pelo sujeito que nem ao menos eu sabia quem era. Embrenhei-me pela floresta, acompanhado por Francisco e mais dois homens, que ainda estavam um pouco embriagados. Seguimos em silêncio até encontrar os bandidos.

Em passos de predador, observei os revoltos com suas vítimas, atadas pelas mãos e com panos nas suas bocas, sendo puxadas como animais. Instruí os companheiros para aguardarem meu sinal. Num jogo estratégico fui seguindo a turba e, conforme alcançava o último da fila, eu o imobilizava com a destreza dos golpes certeiros aprendidos com papai, sem prejuízo do silêncio até alcançar o líder, o qual foi surpreendido pela lâmina afiada de minha faca na garganta.

Com tudo controlado, chamei meus companheiros e desarmamos os poucos infelizes que restaram. Depois amarramos todos os forasteiros e os conduzimos em fila indiana de volta ao jardim, onde fomos recebidos com pompas de heróis.

– Jamais vi tamanha habilidade num mandinga, papai; o tanto que pagar por ele valerá cada centavo! – disse o filho do homem que me insultou.

Notei que meus amigos se orgulharam de nossa ação, mas Francisco me perguntou:

– Por que não matamos logo esses infelizes, Antônio? Você sabe o destino deles.

– Nunca matei um semelhante em minha vida, irmão. Já matei animais, mas homens não. Nem brancos nem negros!

Todos ficaram surpresos com minha pequena confissão, até mesmo o padre, que me causou certo repúdio sem razão definida. Na ocasião, é claro.

– Está insinuando que somos iguais? Negro estúpido – inquiriu-me o tal duque furioso.

– Não quis dizer nada, senhor, apenas que nunca matei ninguém, nem negros nem brancos.

– Ponha-se no seu lugar, idiota!

Calei-me cabisbaixo. Afinal era assim que os negros eram tratados, como animais; a gratidão não era necessária, apenas o desprezo.

Naquela manhã tardamos em partir, pois todos estavam cansados e se demoraram a acordar. Mas não deixei de realizar meu ritual particular, orando ao senhor da guerra. Assim eu o sentia pulsar forte sobre minha mente, renovando minha confiança. Finalmente, pelas 10 horas, conseguimos iniciar a viagem de retorno à fazenda Venâncio, à qual se deu sem inconvenientes.

Mas os assédios da sinhazinha continuaram e eu não resisti. O que antes era um homem inocente em relação a esse assunto, agora se tornara um esfomeado garanhão. A natureza masculina cobrava seu quinhão, e isso remontava ao passado da alma, arrependida, porém não menos cruel. Que fim levaria aquilo eu não sabia, estava entregue aos sabores pecaminosos da carne novamente, mesmo que inconscientemente.

Quando chegamos fomos bem recebidos pelo senhor feudal, que, após ouvir os relatos de sua esposa, ficou plenamente satisfeito ao saber que seu dinheiro não fora gasto em vão. Então me convocou ao seu escritório e, mesmo cansado e sujo, atendi ao seu chamado prontamente.

– Pois não, senhor Venâncio, mandou me chamar?

– Claro, ora pois! Senão não estaria aqui! Que pergunta... – e continuou falando enquanto caminhava em direção à janela. – Tenho outra tarefa para ti. És um negro forte e astuto e por isso dará boa prole, por isso mesmo selecionei algumas negrinhas para que possas cruzar com elas. Compreendes? E é melhor não me desapontar, pois pretendo lucrar com isso.

– Sim, senhor! – respondi abismado.

– Ahhh... Para com esse "sim, senhor" e vá cuidar de suas negras.

Obviamente a missão foi recebida de bom grado, mas procurei cumpri-la de forma natural. Não forcei nenhuma das irmãs. Tinha ciência de que algumas delas já possuíam seus parceiros e eu as respeitei, incentivando-os a se encontrarem às escondidas.

O passado tenebroso incrustado na alma começava a moldar o caráter há muito ferido em seu mais sagrado sentido.

Com as que me aceitaram, fui bem-sucedido e tive alguns filhos. Mas eis que uma questão me surgiu: por que a sinhazinha não tinha filhos? Noites e mais noites nos amamos apaixonadamente, mas nunca a vi grávida. Acidentalmente vim a saber pela ama que cuidava dela que ela havia abortado três vezes em absoluto sigilo, sendo que todos eram negrinhos, e me advertiu para tomar cuidado.

De repente tudo que era amor e paixão ruiu e virou ódio e repúdio. Toda a ternura que sentia por ela nada mais era do que simples instrumento de paixão e luxúria. Na verdade tinha certa lógica. O que a sociedade iria pensar de uma jovem nobre que teve um filho, ou melhor, cruzara com um negro?

A partir de então resolvi não mais vê-la. Afastei-me dela por completo, e esse foi meu erro.

Capítulo 3

A Fuga

E a vida seguiu seu curso naturalmente. Ora nos campos vigiando, outras na senzala me deleitando com as mulheres de minha raça. Conforme Francisco havia combinado, fui convidado a participar dos cultos religiosos realizados aos domingos no terreiro.

Claro que aceitei o convite, mas tive de ir secretamente, atendendo aos apelos dos amigos. Afinal, o que o patrão poderia pensar de um capitão-do-mato de sua confiança junto dos demais escravos que eu deveria vigiar? Coisas boas certamente não seriam!

Acontece que eu não me sentia como tal. Não me cabia a ideia de maltratar um fujão ou mesmo matá-lo. Bastava-me a incumbência de capturá-los e entregá-los à sorte dos troncos. Contudo, essa atividade me afastava das garras sujas da sinhazinha. Além do mais, jamais feri alguém e por isso não era tão malvisto, portanto tinha livre acesso aos cultos.

Certa noite, quando os tambores rústicos iam começar a soar, fui surpreendido pelo coronel e mais dois capatazes armados, que me abordaram de forma violenta, segurando-me cada um por um braço:

– O que tu fazes neste pardieiro barulhento, Antônio?

– Apenas cumprindo meu dever, senhor Venâncio. Achei melhor investigar esta festa, pois aqui há muitos pontos de fuga – justifiquei na tentativa de me esquivar.

– Pois não é isso que me falaram. Estão a dizer que andas participando dessas festas demoníacas. Será verdade?

– Claro que não, senhor! – respondi baixando a cabeça.

– Olha que te mando prender. Não quero homens de minha confiança envolvidos nesses rituais – e saiu caminhando ordenando aos homens a minha soltura.

Os dois me soltaram bruscamente, empurrando-me para trás e me olhando nos olhos. Dei dois passos para trás e retomei o equilíbrio, encarando os covardes, destemido. Mal eles se retiraram, dei as costas para o terreiro e, ao começar a andar rumo ao alojamento, senti uma mão tocar meu ombro direito. Não me virei, apenas parei e uma voz conhecida me falou:

– Não desista não, "fio", "nego" igual "ocê" "num" tem nem aqui nem em lugar nenhum desta terra. "Adispois" "ocê" vai "intendê" minhas palavra, "fio"...

Sentindo a dor daquelas reticências finais pelo ar, continuei caminhando deveras entristecido, mas resignado. Quando cheguei ao quarto, vi Selônio em sono pesado e tratei de não incomodá-lo. Deitei-me silencioso, sentindo a amargura do espírito. A dor da saudade dos tempos de liberdade da adolescência me abatia e comecei a chorar.

Lembrava-me de cada ritual do velho babalaô, das lições de papai, das brincadeiras com os amigos, do rosto amoroso de mamãe. Todas essas lembranças me conduziram a outras meditações: ora, se eu que tinha algumas regalias e um pouco mais de conforto que os infelizes irmãos de raça, violentamente aprisionados, sem direito a nada e com uma vida tão exclusa e miserável, já estava sofrendo, como será que estariam aqueles pobres corações?

Busquei respostas no Criador Supremo, mas a ignorância me impedia de encontrar a resposta. Novamente o passado me afligia os sentimentos e moldava minhas atitudes equívocas. Devia então me resignar e deixar que o rio do destino seguisse seu longo e caudaloso curso?

Adormeci tentando abrandar a dor no peito em meio a esse turbilhão de dúvidas. Durante a noite tive um sonho. Eu andava pelos campos de cana, mirando o horizonte inatingível, quando um cavaleiro me alcançou pela retaguarda.

Senti o ar quente das narinas do enorme cavalo em minha nuca e estremeci arrepiado e amedrontado. Então o grande Senhor me acalmou. Como não conseguia levantar a cabeça, ele a segurou firme com as duas mãos, que estavam revestidas com luvas de metal brilhante, e direcionou meus olhos diretamente aos dele, quando vi que não havia olhos nele, nem mesmo rosto definido.

Apesar disso me senti seguro. Hipnotizado, penetrei fundo naquele olhar negro e as imagens fluídicas começaram a surgir, e parecia que eu estava em meio a elas. O que presenciei não foi muito agradável. Uma regressão no tempo se deu.

Muitas atrocidades surgiram, como, por exemplo, fogo, fome, pragas, adultérios, morticínios horríveis em cultos a deuses das mais variadas formas e repentinamente tudo se transformou em densa escuridão. Do meio dela as almas arrependidas começaram a se atirar às centenas de milhares, todas com uma dolorosa culpa.

Quando a terrível queda cessou, cada uma das almas se alojou num dos irmãos aprisionados nas senzalas espalhadas por todos os continentes. Concluídas as horripilantes revelações, a entidade me soltou dizendo em tom gutural:

– Aquieta teu espírito. Tudo tem um tempo certo e, quando o teu tempo chegar, eu te orientarei o que fazer.

Despertei assustado e todo suado, esfregando os olhos. Não consegui mais dormir. Percebi que aqueles pobres coitados não eram tão inocentes assim, mas que havia um tempo determinado para aquele sofrimento ter um fim. Porém, o que mais me preocupou foi a advertência final que ouvi claramente e que ecoava insistentemente na cabeça. Será que sonhei mesmo? Inquiri-me delineando o forro logo acima da cama.

Logo o galo começou a cantar e os sons silvestres se espalhavam pelas árvores. Agoniado, levantei ligeiro. Tratei de minhas necessidades físicas e fui me banhar no riacho um tanto frio naquela manhã. Foi quando notei que estava sendo seguido pelos dois capatazes do senhor feudal, mas fingi estar desatento, apenas cuidei para não ser surpreendido. Mas por que aquilo? Por precaução não realizei meu ritual matutino, apenas prostrei-me perante o sol nascente, proferindo breve prece Iorubá:

– "Nla Oluwa ti ọrun, ti o dá ohun gbogbo, gbogbo-ríran ati gbogbo-mọ, dabobo mi li ọjọ ki o si del e mi aseyori ninu ogun lati wa si."

Que quer dizer: "Grande Senhor do Céu, que tudo criou, tudo vê e tudo sabe. Protegei-me no dia de hoje e me faz bem-sucedido na batalha do porvir".

Ergui minhas mãos para o Céu, levantei-me e segui para meu posto, sempre atento aos dois vigias. No íntimo algo me avisava que a sinhazinha havia arquitetado alguma vingança contra mim, já que não mais permiti seus assédios libidinosos e o ciúme havia corroído seu coração maligno, já que com as negras eu me relacionava constantemente. Mas se ela queria só prazer, que procurasse com um dos seus, comigo não mais.

Todavia, o que ela poderia fazer? Confessar sua luxúria ao pai? Mal sabia eu o que me esperava! Percebi que os comparsas apertaram seus passos tentando me alcançar. Então, num trecho do caminho em que as plantações e a paisagem dificultavam a visão de possíveis testemunhas, me apressei e me escondi, fazendo jus às minhas habilidades natas. Aguardei a passagem dos idiotas e os surpreendi pelas costas, apontando minha arma na devida direção.

– Por que me seguem?

– "Tá" vendo, eu te falei que esse macaco parece um fantasma! – disse um deles ao outro.

– Mas...

– Respondam se quiserem viver – interrompi.

– É que o patrão mandou te prender.

– E por qual razão?

– Ouvimos dizer que é porque "ocê" fez mal à filha dele.

– E por que não fizeram isso durante a noite, quando eu estava dormindo?

Os dois se olharam mutuamente e vacilaram. Foi aí que notei os olhos vermelhos dos imbecis e o cheiro de bebida que emanava deles, denunciando certo abuso do álcool. Porém, ninguém tinha acesso à cachaça, a menos que alguém os provesse, digamos, como recompensa. Rapidamente liguei os pontos e cheguei à moça. Claro, se eles me capturassem secretamente, me levariam até ela sem a ciência do pai e assim me chantagearia.

– Sei que estão mentindo, mas não vou fazer mal a vocês. Avisem a sinhazinha para me encontrar no lugar de sempre. A bebedeira "deoceis" ficará em segredo.

Quero salientar mais uma vez que nossa linguagem não era assim tão coloquial, porém é difícil expressar no papel.

Durante o dia alguns negros tentaram fugir por outro setor do latifúndio, pois todos sabiam que por onde eu montava guarda era praticamente impossível escapar. Pude até ouvir os gritos e o tropel das montarias, mas, como não podia abandonar meu posto, me limitei apenas a olhar na direção do barulho dos estampidos das armas.

Lembrei-me do sonho da noite e estranhamente não senti mais pena dos pobres coitados. Os macacos (animais, não humanos) gritavam frenéticos nas árvores durante o confronto covarde, até que o silêncio tomou conta do ar. Olhei para o campo à frente e vi o medo nos olhos dos escravos, que pareciam me pedir piedade. Mas eles sabiam que eu jamais havia ceifado vidas, embora não os deixasse fugir.

O que teria ocorrido? Antes de me responder, olhei para o alto e vi a queda das almas pecadoras e me resignei. Pois, conforme o cavaleiro havia me prometido, tudo aquilo teria um tempo para acabar.

O horizonte alaranjado anunciava a chegada da noite, quando conduzi os escravos em fila até a senzala e fui ao encontro da moça, mesmo duvidando da eficiência dos imbecis que ela enviou. Quando estava próximo ao local combinado, notei a movimentação assustada de alguns animais que já deveriam estar em seus esconderijos noturnos e fiquei alerta.

Qualquer homem do mato notaria que algo os incomodava nas moitas. Sendo assim, desviei da rota habitual, chegando por trás. Vi a mundana parada e aflita me esperando, juntamente com seu pai, quatro homens e outro senhor, que eu não conhecia até então.

Mas por que aquilo tudo? Se o patrão quisesse era só me chamar, então para que tanta cautela? Qual a razão da mulher revelar nosso local de encontros secretos? Ao ver o risco iminente, tratei de me despir, ficando apenas com o saiote de couro cobrindo as partes íntimas, e me embrenhei pela mata cerrada, onde me refugiei no topo de uma árvore bem frondosa.

Fiquei atento a toda agitação dos capangas que estavam me procurando, mas meu corpo negro se misturava à paisagem escura. Desastrosamente os homens espantavam todos os animais e aves por onde passavam. Isso, além de denunciar a localização deles, dificultava a audição de qualquer outro tipo de movimentação no meio daquela mata.

– Não é possível que aquele vagabundo não venha. Será mesmo verdade que vocês o pegaram de manhã?

– É verdade sim, coronel, posso até jurar.

Tive vontade de rir, mas me contive. Selônio, que estava fortemente armado, apresentou-se informando:

– Nem sinal dele, patrão. O que faremos?

– Não sei ainda. Custa-me acreditar que, com tantas negrinhas à disposição, ele atentou justamente contra minha princesa. É uma pena, era tão bom capitão-do-mato e melhor ainda como reprodutor... Custou-me caro, ora pois!

– É verdade, papai, eu juro! – exclamou a megera fingindo estar chorando e escondendo a face com seu lenço.

– Não chores, minha pequena, sei que dizes a verdade. Aquele animal não ficará impune, isso eu garanto. O que achas que devo fazer, senhor delegado?

– Só o tronco não será suficiente, senhor Venâncio. Nesse caso o melhor castigo é a morte.

– Vão, seus idiotas – esbravejou o coronel aos berros. – Revirem a fazenda do avesso, mas me tragam ele vivo. Antes de matá-lo, quero arrancar-lhe o... (melhor não citar o sinônimo utilizado para o membro masculino. Deixo-o à mercê da imaginação).

Enquanto o coronel falava, vi surgir a figura fluídica do cavaleiro ao lado da mundana; então, ele me revelou a outra face da calúnia. O passado sacerdotal cobrava mais uma vez seu troco. A dama fora uma de minhas vítimas inocentes e agora se apresentava como cruel algoz. Os momentos de paixão calorosa se transformaram na mais incrível arma de vingança no subconsciente da dama.

Mesmo sem saber que eu fora o cruel estuprador dela nesse terrível episódio, pois minha figura se apresentou em faces brancas, eu a perdoei e não consegui mais odiá-la. Porém, no âmago do frágil coração dela, o ódio e o rancor fervilhavam, a ponto de querer mastigar meu membro e atirá-lo ao fogo. Não entendi a razão da visão, já que era um negro e não um padre branco, um demônio revestido de anjo.

– Tenho um propósito maior para ti e fui enviado para te proteger. A moça receberá o que merece, pois o ódio dela deverá ser esgotado. Quero que trates de refugiar-te em um lugar seguro ao qual te guiarei. Vai – ordenou-me o guardião.

Antes de partir fiquei observando por mais um tempo a conversa do coronel com o advogado que estava com sua milícia à disposição para me capturar.

– Veja, senhor delegado Barroso, hoje seis escravos tentaram fugir, mas dois foram mortos, os outros foram presos. Prejuízo, só isso que me causam. A continuar assim, terei de ir ao porto novamente encomendar mais escravos, e essa safra não me dará mais lucro.

– Olha, coronel, eu recomendo cautela, pois, não sei se sabes, há um movimento com raiz na capital contra a escravatura, e o imperador começa a dar ouvidos a ele.

– Já sei desse movimento e não creio que vingará. Do contrário, o que será da economia deste inferno de lugar?

– Isso eu não sei, mas é melhor pensar duas vezes antes de despender mais dinheiro com negros. Além do mais, não restam muitos por lá!

– Senhor Venâncio...

– Diga, Selônio, não precisa gritar.

– O macaco não está em lugar nenhum!

– Como assim, será que o infeliz sumiu pelos ares?

– Não se preocupe, Venâncio, enviarei meus guardas. Ele será encontrado, eu garanto.

Novamente meu mentor me alertou e eu tratei de me esconder numa árvore mais alta até o amanhecer. Nesse período tentei saciar a sede de respostas. A mente não calava em momento algum. Qual a razão de tentarem me armar uma emboscada, se com apenas uma ordem do senhor feudal eu compareceria à sua frente sem oferecer resistência? Quais eram as reais intenções do coronel?

Por mais que me esforçasse, eu não conseguia entender isso. Não obstante a revolta arraigada em meu coração, que já não trazia a podridão do negro passado, mas o orgulho da raça negra, não alimentava rancores pelo pobre coronel, e o repúdio que sentia por sua filha transformou-se em profunda compaixão. Apesar, é claro, da ignorância a respeito desse delicado assunto.

Finalmente consegui dormir um pouco, depois de comer um pão, que subtraí de um dos soldados incompetentes que estava, além de embriagado, perdido. Durante o sono, tive mais uma visão. Na enorme sala da casa grande se reuniam o patrão, sua esposa, a sinhazinha e seu irmão, e ainda uma negra em avançado estado de gravidez. E o coronel dizia:

– Precisamos encontrar uma solução para isso imediatamente, mas qual?

– Papai, eu já lhe disse para convocar Antônio e pôr nele a culpa. Depois o leve ao tronco para ser chicoteado até a morte – disse Rosinha evidentemente influenciada pelo ódio.

– Rosinha, minha flor, sei a dor que passou, mas pense no quão perigoso ele é. Já o vi em ação e, apesar de nunca ter testemunhado morte nenhuma, sei muito bem do que ele é capaz. Não quero expor minha família às garras desse animal fedorento.

Subitamente a imagem fluídica da negra começou a desaparecer, mas antes deixou um feto no ventre da moça, mas não era exatamente um bebê. Seres tenebrosos espalharam no chacra básico dela um elemento espesso, deixando-a marcada com uma nuvem negra repleta de larvas asquerosas na região pélvica.

Minha revolta aumentou, pois não via diferença nenhuma entre negros e brancos no tocante às funções sexuais. Recordei-me então que por várias vezes testemunhei o coronel se relacionando com algumas negras e incentivando seu filho a fazer o mesmo.

Foi aí que percebi o motivo de tanta cautela do coronel: surpreendendo-me ele se asseguraria que eu não poderia delatar seus devaneios extraconjugais. Canalha, isso sim ele era. Na língua natal seria chamado de "Biko se", que significava safado em português.

Tais atos com a mulher alheia à força eram passíveis de severa punição, como decepar o membro e oferecer ao falo do exu guardião da aldeia. Mas deixei-o à sorte de seu destino e tratei de fugir dali. Aproveitei as horas calmas da alvorada em que os macacos arborícolas iniciavam a balbúrdia característica e parti cautelosamente, deixando para trás essa etapa da vida.

Sem saber o que me guiava naquela selva totalmente cerrada, avançava destemido. Vez por outra subia em alguma árvore procurando localizar a direção a seguir e pouco depois do meio-dia alcancei a areia de uma praia deserta, onde vislumbrei a vastidão do mar.

Por breves minutos fiquei imaginando se haveria algum modo de regressar à África. Meneei a cabeça negativamente, concluindo que seria impossível, posto que se uma travessia levou meses exaustivos em uma embarcação, que dirá a nado.

Apanhei um coco para beber a água e depois comer sua poupa. Satisfeito e ainda sentado, tentei decidir para qual lado seguir. Nesse momento, ao olhar para o leste, avistei dois homens bem longe em carreira ligeira até o mar, refugiando-se em seguida do mesmo modo.

Marquei a referência de duas palmeiras e fui à mesma direção, observando a cautela. Ao atingir o ponto demarcado, prossegui paralelamente a uma trilha existente, sempre atento. A mata cerrada ocultava a picada aberta, mas aos olhos de homem do mato ela se apresentava bem visível.

Em poucos instantes comecei a ouvir alguns murmúrios. Olhei para o alto e reparei que alguns jovens montavam guarda na copa das árvores. Amoitei-me e fui me aproximando lentamente, até que vi que se tratava de um refúgio oculto.

Muitos negros estavam escondidos ali, sobrevivendo em condições paupérrimas, às quais estávamos acostumados. No meio deles havia um homem, que aparentava ser o mais velho. Ele não tirava os olhos de minha direção e disse para espanto de todos:

– Venha, moço, junte-se a nós. Não precisa ter medo, aqui é um quilombo, aldeia de "negos e negas".

Todos olharam em minha direção simultaneamente, então me revelei, saindo da moita. Caminhei respeitoso por entre os aldeões. Alguns sorriam, outros olhavam desconfiados e dois me reconheceram.

– Você não é o mandinga da fazenda Venâncio? – perguntou um deles.

Não tive como negar. Olhei para o ancião e respondi cabisbaixo:

– Sim, eu era. Mas nunca fui mandinga, apenas um negro vigilante, isso sim. Aláh nunca foi meu senhor...

– "Ocê" já viu tiririca, "fio"? É a raiz do mato. A gente não vê, mas ela está sempre lá no fundo da terra. A gente pode pisar no mato, cortar ele, os elefantes e as zebras podem comê-lo, mas quando menos espera, depois da chuva, ele nasce de novo. E se alguém quiser pegar uma, tem de cavoucar bem fundo. Assim é "zuncê" "fio" "Tiriri"!

– Entendi, senhor. Como soube desse nome? Só o babalaô da senzala me chamou assim.

– Qualquer um com conhecimento espiritual que te vê vai saber teu nome, e ele vai ser muito lembrado.

Somente depois de demorado inquérito a respeito de minha fuga é que fui aceito na comunidade, onde se iniciou a próxima etapa de minha vida.

Capítulo 4

Despetando para a Nova Realidade

Longe da terra natal por espontânea vontade, apenas para satisfazer a curiosidade juvenil, só que agora não tão jovem, mas ainda sadio e viril, vivia em novo cenário. Era um fugitivo vivendo num lugar desconhecido, experimentando, além das dificuldades, uma crise de identidade, com o espírito revolto e a mente rodeada por dúvidas intermináveis, mas sempre sustentando o orgulho de minhas origens.

Contava então 27 anos de vida, sendo oito deles vividos na fazenda, o que fez adormecer minhas habilidades de caçador até certo ponto. Porém, o destino se apresentou de forma surpreendente e implacável, então percebi a importância dos ensinamentos recebidos na adolescência.

Muito embora não precisasse estar naquela aldeia, rendi-me à resignação ante as consequências naturais de meus atos. Da mesma forma aceitei a posição inferior na hierarquia da comunidade com humildade.

Percebi que seria melhor, já que não tinha para onde ir. Engajei-me nas tarefas cotidianas, como o plantio de mandioca, a caça e a pesca, além de ajudante na construção das malocas, aceitando as ordens dos mais antigos sem reclamar.

E se passaram sete meses desde minha chagada no quilombo de Linharinho, situado num lugarejo próximo à cidade que atualmente é chamada de Conceição da Barra, no litoral do igualmente atual estado do Espírito Santo, que dia a dia via seus membros se multiplicar, por causa dos fujões que surgiam trazendo notícias cada vez mais desagradáveis. Isso aumentava ainda mais minha revolta.

Sempre distante em minhas conjecturas pessoais, discorria comigo mesmo sobre as questões de cunhos filosófico e existenciais sobre a raça humana. Claro que minha origem selvagem não permitia tais esclarecimentos ao nível que lhes narro, mas as dúvidas eram bem pertinentes.

O que difere o homem negro do branco se somos todos iguais? Será somente o poder?

No que tange ao corpo físico, temos sangue vermelho nas veias; coração, o sexo e as necessidades fisiológicas são exatamente as mesmas. Então, se é fato que todos aqui são almas pecadoras do passado, refugiados nestes corpos negros miseráveis, o que será dos brancos? Será que vieram só para nos castigar? Ficarão eles impunes? Ou se tornarão outros negros no futuro?

Notando minha alma inquieta, meu novo amigo me abordou calmamente:

– Por que está assim tão inquieto, filho? Vejo o aperto em seu coração.

– Tantas coisas, seu Dito! Não sei se conseguirei falar todas elas.

– É, eu sei, moleque. Mas revolta só atrai mais revolta, e dúvidas mais dúvidas. Nada que a gente fizer vai trazer nossa liberdade de volta, nem mesmo os brancos poderão fazer isso. Eles poderão até nos dizer: "Vocês estão livres", e dar papel assinado; mas a vida jamais voltará a ser como na África, nas nossas aldeias, em meio às feras, caçando, plantando e bebendo a água dos riachos. Eles nunca irão entender nossas crenças e, por mais livres que pensarmos ser, nossa pele sempre vai indicar trabalho para sobreviver. Sendo assim, voltaremos à mesma condição de escravos.

Reticenciei com os olhos, evidenciando minha revolta ainda maior.

– O que pensa, "nego"? Os brancos que hoje mandam, um dia serão mandados. Sei da visão que teve ante o Grande Senhor que está sempre ao seu lado, porque "ocê" é "fio" dele. Se nosso passado nos condena a esta vida miserável, ou aqui ou, nas senzalas ou pior ainda, nos troncos, que dirá o destino desses pobres homens brancos.

Se Olorum nos permitisse saber dessas coisas, entenderíamos que coisas piores nos aguardam no porvir. Eu vejo guerras, pestes e muitas atrocidades, mas não tenho permissão para falar. Então eu perdoo e sinto profunda compaixão por eles, só isso!

– Estou um pouco aliviado, mas ainda sinto que preciso fazer alguma coisa para ajudar os irmãos.

– Você terá oportunidade de fazer, Ngare, mas antes é preciso esperar. Há outro que está por vir e ele será chamado de rei por aqui. Aí, sim, teremos muitas vitórias. Se eu que já não sou tão novo posso esperar, você também pode!

Com o coração mais leve, comi um pedaço de carne com farinha e depois me acomodei no canto da maloca para dormir. Novamente durante a madrugada o guardião se apresentou no sonho.

Ele me ergueu firmemente pela mão e me colocou na garupa de seu cavalo, que alçou voo pela atmosfera límpida até alcançar uma senzala ao sul do continente, onde vi um homem esticado no tronco, fortemente vigiado. Vi também que não se tratava de um negro qualquer, pois em sua cabeça havia uma coroa plasmada.

– Vê esse homem, Ngare?

– Sim, senhor.

– E o que mais?

Olhei com mais atenção e reparei que dois guardiões espirituais tratavam dos ferimentos do homem, estancando-lhe o sangue, combatendo as larvas astrais, que insistiam em sugar dele a seiva sagrada da vida. Expliquei ao mentor sobre minha visão, o qual em seguida me ordenou:

– Ao amanhecer quero que venha resgatá-lo. Guiar-te-ei e te protegerei pelo caminho, não se preocupe. Se você não fizer isso por mim, ninguém o fará.

Num instante meu espírito voltou ao corpo carnal, mas não consegui acordar, preferi continuar dormindo.

A passarada anunciava a alvorada quando levantei bem disposto e me preparei para a missão que me aguardava. Realizei meu ritual de guerreiro como de costume e não percebi que meus amigos acompanhavam meu gesto, batendo as palmas das mãos calejadas e os pés no chão, entoando cantos da tradição Iorubá, embora não soubessem do que se tratava.

Sem me incomodar com a balbúrdia, mergulhei em profundo transe em meu culto particular aos deuses ancestrais ou aos Orixás, se preferirem.

Pouco tempo depois parti para minha nova aventura, sem saber exatamente o rumo a ser tomado. Confiava apenas na fé, no meu mentor a me guiar por aquela selva infinita. Dias e dias se passaram sem que eu chegasse a lugar nenhum, tanto que o desânimo começava a tomar conta de mim.

Já não tinha muita certeza acerca da sobrevivência do irmão no tronco. Gradualmente as noites foram se alongando e se tornando mais frias, anunciando o inverno iminente, o que me obrigou a tomar algumas atitudes pouco seguras, como acender fogueiras, mas esse era o único meio de me aquecer. Além do mais, o fogo me servia para o preparo do alimento, e a fumaça remanescente usei para colher o mel de uma colmeia que porventura encontrei pelo caminho.

Quando menos esperava, deparei-me com enorme campo de café. Parei rapidamente, pois sabia que havia chegado a uma fazenda e, como em todas as outras, ali haveria de ter seus capitães-do-mato. Aguardei o anoitecer escondido no alto de uma árvore, traçando o plano de ação e observando o caminho da senzala, que era o destino final de minha jornada. Nesse momento notei dois mandingas correndo em minha direção:

– Vi um macaco por aqui – afirmou um deles.

Mal sabia ele o macaco que os aguardava.

No momento oportuno, ataquei os dois, matando-os impiedosamente. Pela primeira vez na vida havia matado homens, mas não me senti culpado. Calmamente despi o maior deles e me vesti, disfarçando minha presença. Estava um tanto incomodado, pois o tamanho das roupas era pouco compatível, mas servia para meu propósito.

Desatinadamente caminhei até a senzala, passei despercebido por outros guardas e então encontrei o tronco onde estava meu refém desacordado. Por volta do meio da noite, meu pai espiritual ordenou minha ação, ao mesmo tempo em que alguns encantados espalhavam pelo ar um elemento fluídico.

Imediatamente me livrei das roupas fedidas e agi enquanto todos dormiam. Silenciosamente tirei as chaves dos cadeados da cintura do vigia, que dormia bêbado, e com cautela libertei o irmão. Espiritualmente algumas entidades malignas tentaram alardear minha ação, mas foram abatidos pelos guardiões que nos acompanhavam.

Antes de me evadir dali, não pude resistir à tentação de despir um dos vigilantes, que tentou acordar, mas eu o desmaiei com um soco na nuca e depois o atei ao tronco, dando tempo para que o companheiro se recuperasse das dores musculares. Segurando-o pelos ombros, tratei de correr mata adentro.

Ao amanhecer já estávamos a uma distância bem segura. Então providenciei um abrigo no oco de uma árvore gigantesca, disfarçando a entrada com galhos e folhagens. Encontrei algo para comermos e depois nos acomodamos para descansar até o anoitecer, quando então continuamos nosso caminho de retorno ao quilombo.

Os mesmos dias da vinda se deram na volta e, após cansativa viagem, chegamos. Assim que apontamos, fomos recebidos com grande euforia. Eu queria mesmo era me deitar e dormir algumas longas horas, e creio que meu companheiro também, o que fiz na relva despreocupado, alheio ao murmúrio dos festejos que se deram até tarde da noite.

Durante o sono o mentor se apresentou novamente, mas desta vez em companhia de outra divindade. Um tom de verde muito brilhante a recobria majestosamente da cabeça aos pés. Eles dialogaram num dialeto alheio ao meu conhecimento; mais tarde pude saber que se tratava da linguagem ancestral cristalina.

Não posso precisar os detalhes da conversa, apenas sei que se tratava de agradecimento do grande Senhor dos vegetais ao mentor. Em seguida às despedidas, recebi no peito um símbolo sagrado, presenteado pela divindade. E, quando acordei, tive a nítida sensação de carregar um peso maior, o da responsabilidade pelo mérito adquirido.

Já recuperado, busquei alguma ocupação. Não queria demonstrar a soberba de meu ato, pois julguei que não foi mais que obrigação, mas não pude evitar os assédios efusivos dos aldeões. Todos me reverenciavam à altura de um herói, até que encontrei o dito rei:

– Orixalá te proteja, irmão. Podemos caminhar juntos?

– Claro. Mas me diga, por que tenho a impressão que todos te conhecem por aqui?

– Porque sou o rei desse povo. Você não sabia?

– Não.

– Quer dizer que empreendeu toda essa jornada arriscada para me salvar sem saber quem eu sou?

– Não. Apenas para obedecer à ordem de uma divindade que considero como pai.

– Qual é seu nome?

– Eu me chamo Ngare. Sou um guerreiro da tribo Mogamba do norte.

– Meu nome é Ganga Zumba e sou um rei de nossa raça. Meu coração se alegra ao te conhecer; minha gratidão será eterna. Mas me diga como veio parar aqui.

– Eu me alistei voluntariamente em razão da curiosidade e fui parar na fazenda Venâncio, onde me receberam como mandinga, mas isso nunca fui. Desposei várias mulheres de nossa raça e tive muitos filhos, os quais não verei mais, pois me apaixonei pela sinhazinha, que se ofereceu a mim e abortou três filhos meus.

Depois disso me recusei a tocá-la novamente e então, por ciúme, ela me acusou de estupro. Condenado eu fugi. Mas agora percebo o real motivo de estar aqui, já que o destino nos apresentou da pior maneira, quando tive a honra de poder te resgatar daquele tronco imundo.

– Realmente o destino às vezes se apresenta de formas estranhas. Muitas lutas teremos até alcançar a liberdade, e eu espero contar com sua força ao nosso lado.

– Compreendo sua necessidade, Majestade, e ficaria muito honrado em servi-lo. Mas, por motivos alheios ao meu conhecimento, sinto que não poderei ajudá-los.

– Mesmo assim vou rezar por sua proteção e ajuda.

Despedimo-nos com breve aceno das mãos e eu voltei aos meus afazeres vãos.

O velho Dito preparou um culto e convocou a todos para participar. Compareci respeitoso. A noite fria foi aquecida por uma grande fogueira montada no centro do terreiro, enfeitado com palhas e flores diversas. Todos dançavam embalados pelo som dos tambores construídos em troncos ocos das árvores caídas e couro de animais.

Nossos ancestrais se apresentavam em transes frenéticos e as lembranças de nossa terra natal se faziam notar em cada olhar, espalhando lágrimas de saudade. Na posição central, o rei se sentou em uma cadeira entalhada em madeira nobre, adornada com motivos africanos. A seu lado algumas mulheres se alinhavam e outras ainda dançavam insinuantes à sua frente.

No auge da madrugada, repentino silêncio se fez no ambiente e eu procurei o motivo rodeando os olhos no entorno da fogueira. E então me vi dominado por uma energia magnífica. Nada ouvi e via apenas nuanças da aura de todos os presentes. Um pesado cajado surgiu nas mãos e, à medida que ia tocando as pessoas com ele, mais pesado ele ficava.

Não sei precisar quanto tempo fiquei envolvido nesse transe, mas sei que foi muito agradável. Antes que se retirasse, contemplei a visão da entidade, que tirou de minhas mãos seu cajado dourado e o golpeou contra o solo, fazendo cair dele milhares de larvas e seres imundos.

Imediatamente um buraco se abriu logo abaixo do cajado, sugando toda a nojeira recolhida. Atirei-me ao solo em movimento brusco e involuntário. Então passei a ouvir os tambores novamente. Depois de me recompor, voltei a meu lugar e senti a atmosfera mais leve então.

Já ia amanhecer quando a reunião foi encerrada. No caminho de minha maloca, fui acompanhado por uma mulher que se ofereceu a mim tal como a leoa se oferece ao macho. Eu não resisti aos seus apelos, afinal ainda era humano.

Depois de descansar algumas horas, dirigi-me ao mar a fim de me banhar e depois pescar. Distraído em meio às ondas, olhei para a vastidão do horizonte e avistei uma nau estranha, que mais tarde vim a saber que se tratava de novos invasores.

Naquele instante não me preocupei, pois estávamos bem longe dos estúpidos algozes que nos escravizaram, acreditando eu estar imune aos possíveis ataques deles.

Concluído meu objetivo, caminhei lentamente de retorno à aldeia, meditando sobre o que o futuro ainda me reservava. A alma impetuosa requisitava novas aventuras, mas o corpo permanecia inerte, entediado com a calmaria assustadora.

Será que eu podia conquistar algo mais? O que se poderia fazer para ajudar os irmãos ainda presos nos grilhões da escravidão? Por fim pensei: será que fora conduzido até aquele lugar apenas para resgatar um rei? De certo que não, havia algo além de meus entendimentos.

O rei Ganga partiu dali para terras mais ao norte, num quilombo chamado Palmares, do qual foi o principal líder. Mas os detalhes posteriores de sua passagem pela vida terrena são amplamente divulgados nos livros de história e não é minha intenção confundir-lhes nem alterar o que já foi relatado por renomados historiadores.

– Ainda tem dúvidas, "fio"? – indagou-me o senhor Dito, surpreendendo-me.

– Há muito tempo venho me perguntando sobre minha idiotice, senhor Dito, mas não encontro respostas.

– Não seria melhor se aquietar? Só assim as perguntas serão respondidas, uma por vez.

– Mas como faço isso? Eu não consigo calar a mente!

– Tenho coisas maiores a lhe ensinar, que estão guardadas em seu ser imortal.

– Que coisas são essas?

– Se lembra dos seus tempos de infância, que insistia em ficar junto do velho feiticeiro de sua aldeia?

– Ah! Se me lembro. Sempre quis aprender tudo com ele, mas meu pai não permitia.

– Ele se encontra a teu lado e me pede para te ensinar.

– Quanta honra! Talvez esse aprendizado me sirva para apagar a culpa de ser um traidor da raça.

– Não pense mais nisso, Ngare, o que você fez já lhe garante o perdão. Vamos agora, temos muito trabalho e eu não tenho muito tempo.

Nos meses que se seguiram obedeci rigorosamente o velho Dito, que recebia intuitivamente todos os conhecimentos sobre a magia, que, ao modo africano, se explicava por meio de lendas. Como se processou a criação, como surgiram os rios e as montanhas, quais eram suas divindades, chamadas de Orixás. Qual erva se usava para uma enfermidade e como se deveria colher, como utilizar o fogo e quando, quais eram as comidas e bebidas das divindades, e como oferendá-las. Enfim, todos os procedimentos adequados para cada finalidade.

Gradativamente um antigo conhecimento das magias foi renascendo em mim; eram as magias negras que se apresentavam e eu não tive o discernimento necessário para entender a magnitude dessa ciência. Nessa tênue linha esticada entre a vaidade e a sabedoria, a maldade começava a tecer sua teia maligna.

Com os sentidos extremamente aguçados, sentia meu dom renascer, contudo mantive cuidadosa discrição. Comecei a fingir ter dúvidas a respeito de uma ou outra coisa apenas para disfarçar meu ímpeto egoísta, que dia a dia foi aumentando.

As excursões de resgate se tornaram cada vez mais constantes e sempre com sucesso, e os assaltos às carruagens também. Consequentemente os homicídios se enfileiravam no pergaminho de meu histórico já não tão ilibado daquela encarnação. Como ouvi antes, violência gera violência, mas não me dei conta disso. O mais importante para mim era arrancar de vez a culpa de ser um traidor da raça. Aquele jovem de instinto nobre não existia mais.

Assim outro capítulo se escreveu em nossa história.

Capítulo 5

A Queda

Era eu um feiticeiro, pois havia concluído o aprendizado, exceto por duas coisas, os atributos e atribuições pertinentes a esse grau de sabedoria. Portanto não estava absolutamente preparado. Não obstante esse fato, eu me sentia o poderoso. Daí o erro mais comum e a razão pela qual tais conhecimentos estarem fechados aos homens encarnados. A nossa dualidade sempre pende para o lado errado, no qual as portas se abrem com mais facilidade, além de serem maiores. O equilíbrio e o bom senso quase nunca são observados.

Mas retomando a narrativa. O rastro de morte que se alongava no pergaminho do histórico da alma já não tão bondosa, somado às insanidades praticadas por meio de magias negras, irregularmente utilizadas por qualquer motivo fizeram de mim um monstro.

O guardião que há muito não se apresentava, embora sem me abandonar, apresentou-se furioso.

– O que pensas que estás fazendo?

– Não penso nada, senhor, apenas executo!

– Pois é melhor que pares com tuas ações imundas. Não quero ver meu trabalho jogado fora. Por enquanto é um apelo cordial, mas se não me atenderes, serei obrigado a tomar atitudes mais drásticas.

– Desculpe-me, senhor, mas não creio que errei assim tão gravemente e não temo represálias...

Subitamente o mentor se posicionou face a face comigo. Destemido, olhei-o nos olhos, como a querer desafiá-lo, e então as imagens de minhas atrocidades começaram a se desdobrar. O rastro de horror e ódio que espalhei, ora por vaidade ou pior, por simples diversão, se apresentou diante de meus olhos arregalados. Quando concluiu, disse-me:

– Não é só isso, mas vou poupá-lo do restante. Pare com essas idiotices. Não é mais um pedido...

E, me puxando pelo pescoço, reforçou:

– É uma ordem.

Recobrei a consciência e percebi a extensão de meus erros hediondos. Comecei a chorar, já que a culpa me pesava nos ombros novamente. Mais uma vez o velho Dito me acudiu:

– Agora você chora, "nego"! Devia chorar antes de ter feito o que fez. Não tem mais volta não "fio", o que foi feito, foi feito. Nenhum feitiço vai consertar as porcarias que "ocê" fez. O que pode fazer é trabalhar e ajudar nossos conterrâneos para suavizar o castigo. Eu bem que te avisei, mas "ocê" não ouviu. É sempre assim, quando o homem dá vaza a esses sentimentos mesquinhos, o resultado não é outro senão esse.

Entristecido e assustado recostei minha cabeça no ombro daquele velho e chorei copiosamente, tentando me perdoar. O espírito estava inquieto. O medo do desconhecido futuro se apossou da mente e nada eu podia fazer para acalmá-la. Aterrorizado busquei refúgio no mar. Distraído em meio às ondas, fui bruscamente puxado pela forte maré e me afoguei.

Novamente o passado de luxúria e pecado me arrebatou da vida e cobrava seus débitos. As consequências não podiam ser piores. A alma enferma e liberta da vestimenta carnal buscava socorro em vão. O aparente suicídio acarretou um castigo deveras atroz. Naqueles anos terríveis eu passei o tempo todo evocando meu mentor, pois queria argumentar que não fora suicídio. Realmente eu não tive a intenção de me subtrair da vida. Eu evocava meu guardião o tempo todo, até que fui atendido:

– O que quer, covarde idiota? Não tens a noção do que fez?

– Não quis me matar, senhor, apenas me distraí, absorto em meus pensamentos, e uma forte corrente me puxou sem que eu conseguisse evitar.

– Tens certeza?

– Sim, tenho.

– Bem... Agora não há como voltar atrás... Mas venha, fique a meu lado. Se o que dizes é mesmo a verdade, arranjarei ocupação para ti deste lado da vida.

– Obrigado, Pai.

– Cale-se...

Assim se fez. Passei a acompanhar o cavaleiro em seus trabalhos no astral inferior, capturando almas e as conduzindo a diferentes destinos, até então incompreensíveis ao meu entendimento. Corria o tempo todo no encalço do enorme cavalo em absoluto silêncio, resignado e prestativo, mas para meu espanto eu não me cansava. Até que o cavaleiro parou e, olhando para trás, me disse:

– Solicitei uma audiência com nossos senhores do alto para tratarmos de seu caso. Consegui rever o episódio de tua morte carnal, passado por uma senhora guardiã das águas, e concluí que não teve mesmo a intenção do suicídio. Como não tenho auxiliares, e por te julgar apto vou requisitar-te para esse serviço. Vamos ver o que Eles dizem a respeito.

– Será uma honra servi-lo senhor!

Montei na garupa do cavalo, que seguiu a passos largos pelo ar, até que chegamos a uma dimensão luminosa, onde havia um grande pórtico dourado. O mentor apeou e eu o acompanhei.

– Espere aqui, por enquanto esse é o seu limite.

Atendi escondendo os olhos ofuscados com os braços.

Ele caminhou calmamente até o portal e, quando o atravessou, transformou-se em um garboso senhor, elegantemente vestido em terno finíssimo. Tirando uma cartola da cabeça, aguardou a recepção, que não tardou muito a chegar.

Dois espíritos semelhantes a um facho de luz o receberam cordialmente e iniciaram o diálogo. Constantemente olhavam em minha direção, aumentando minha curiosidade. Mas eu me mantive cabisbaixo, tentando conter a ansiedade. Então outro membro se apresentou trazendo um pesado livro consigo, que foi atentamente examinado por um deles. Esse me convocou e disse:

– Diga-nos, irmão. Pudemos verificar em suas encarnações algumas melhoras, mas sempre houve quedas relativas ao egoísmo, à soberba e à vaidade. Contudo, nesta última, apresentou profundo arrependimento de teus atos errôneos. Este é o motivo de estar aqui.

Nosso guardião All-Him Terh-Lor te está requisitando para os serviços no orbe que já conheces. Sendo assim, identificamos uma boa oportunidade para que expurgues de uma vez por todas esses sentimentos de ti. Mas é da vontade do Pai Maior que os trabalhadores dessa dimensão o façam por livre e espontânea vontade. Deseja isto?

– Sim. De todo meu entendimento.

– Pois bem, senhor Terh-Lor. Tens nossa autorização. Ele é todo seu.

Retiramo-nos em silêncio e retornamos às esferas mais densas, onde me pus a serviço de meu mentor com grande alegria.

– Antes de começarmos o trabalho, vou te passar algumas normas que são rigorosas e exigem máxima disciplina. Se uma delas não for observada com rigidez, tu correrás sério risco e eu não estou disposto a ficar te socorrendo o tempo todo. Nossa esfera de labuta se restringe às áreas trevosas da ignorância humana, portanto não há espaço para medo.

O silêncio absoluto aqui é lei, pois representa o vazio de que todos vieram e, aos caídos nesse campo, a ele retornarão. Não sinta pena, ódio, compaixão ou amor, tais delicadezas não nos são devidas. Não sintonize nenhum tipo de sentimento, do contrário será engolido por eles. Por fim, obedeça, sem rituais e outras bobagens. Entendeu?

– Perfeitamente.

Seguimos vazio abaixo até chegarmos a um local parecido com um oásis no meio do deserto. Entramos por um estreito corredor, onde as tochas se acendiam conforme ele erguia a destra. No interior recôndito um grande saguão se abriu, enquanto o corredor se fechava. Em silêncio eu tudo observava, inibindo o espanto.

– Não te preocupes, filho, este espaço é blindado. Trata-se de uma forma por mim plasmada. Aqui nada entra e em milênios só tu tiveste acesso. Daqui tudo vejo, porém não sou visto.

– É muito bonito, senhor. Espero que um dia eu possa me dispor de espaço semelhante.

– No tempo certo, terás. Agora, pega aquele livro. Ele contém ensinamentos que te farão relembrar da linguagem ancestral e também da comunicação mental. Nisso constitui nossa principal ferramenta de trabalho.

Segue-se então o tempo espiritual incontável de estudo e disciplina, entre as idas e vindas de várias incursões pela esfera terrestre e outros ambientes mais densos. Quando me dei conta, havia despertado em mim o dialeto cristalino, dormente por milênios em meu subconsciente.

Mas como? Onde havia adquirido aquele conhecimento? Isso ainda estava apagado, como uma nuvem negra diante do sol, inibindo o esplendor da luz. Tentei conter o rio das dúvidas, observando as recomendações do chefe, mas não consegui, até que certo dia fui convocado a seu salão. Ele falou calmo:

– Se tens dúvidas, pergunta. É melhor te livrar delas do que se compadecer com elas, pois isso gera uma aura irradiante bem visível na escuridão. Configura-se então o perigo de seres trevosos que certamente irão capturá-lo indevidamente. Agora te senta aqui, vou te mostrar algo importante.

Sentei-me conforme solicitado numa cadeira forrada em tecido negro e comecei a sentir a forte irradiação do cetro firmemente colocado em meu lóbulo frontal. Um espaço se abriu à minha frente e eu pude ver claramente as vidas regressas. Ininterruptamente os episódios dolorosos do passado foram regredindo até um ponto em que me vi como um ser de feições humanoides.

Era o início de minha jornada espiritual na senda humana. Vários companheiros se mostravam presentes e nesse período falávamos apenas a linguagem cristalina. Meus poderes de mago do templo da luz violeta também se revelaram.

Assim meu guardião surgiu e seguiu seu curso evolutivo a meu lado na dimensão espiritual à esquerda do sagrado trono telúrico. Só nos separamos porque fui designado à evolução como humano, para amparar e conduzir os caídos de outra esfera evolutiva. Mas a vida na dimensão humana me reservou surpresas desagradáveis, inimagináveis e surpreendentes. A visita ao passado estava ficando deveras dolorosa, quando o mentor interrompeu falando:

– Quer parar?

– Não, por favor, não. Continue...

Queria enfrentar as dores do passado para poder repará-las no presente.

Fatídicas encarnações se passaram sempre aos dissabores da violência e peripécias macabras, como cultos a deuses fálicos, impérios tirânicos, traições e blasfêmias. Mas um ponto em particular me chamou a atenção. Apresentava-me então como um soldado romano.

Fruto de um acordo do alto, fui inserido na carne para vivenciar o sacrifício da morte violenta, para gravar no íntimo a dor da humilhação à que havia submetido muitos irmãos. A serviço do império deveria ser sacrificado. Mas o destino se mostrou mais cruel ainda.

Depois de um falso julgamento, baseado apenas na ganância e na iniquidade, o iluminado Cristo foi condenado à morte na cruz. Eis então que me vi como o soldado a lhe pregar a mão esquerda em seu suplício. Consumado o fato, que é amplamente conhecido de todos, vi-me mais uma vez arrependido ao vislumbrar a face do glorioso senhor a me dizer: "Eu te perdoo...".

Percebi então que sua luta não era com armas, mas com amor. Sem conseguir me perdoar, furei a mão esquerda com o mesmo prego por sete vezes e me suicidei em seguida. Isso depois de suportar o peso da consciência intranquila por mais de dez anos.

No vale dos arrependidos, amarguei longos anos de lamentações, sem notar a escuridão da alma, relembrando a face alva do grande Mestre, sem conseguir me perdoar, e esfregava a mão esquerda ensanguentada no chão, reabrindo as chagas. Algumas centenas de anos depois, fui socorrido e realocado nas vestes carnais conforme narrado no início desta história.

Despertei daquele transe hipnótico em choque e me prostrei, chorando à frente do mentor que nada fez e nem esboçou a menor reação.

– O que fazer para reparar meus erros, pai?

– Isso só tu poderás responder. Mas sei que, enquanto aqui estiveres, outros desvios não haverás de ter.

Olhei para minha mão esquerda e vi reabrirem as sete chagas; permaneci longas horas olhando-as sem ação.

– Levanta-te, vamos. Temos muito trabalho a fazer. No tempo certo irás encontrar a solução adequada para teus arrependimentos. Por hora a digne-te a obedecer minhas ordens, quem sabe assim perceberás que a estupidez não é um defeito somente teu.

Atendi o apelo do guardião. Realmente percebi a extensão da maldade que assola a raça humana. Assim galguei os duros degraus do perdão interior, com trabalho árduo em favor dos caídos. Recolhia-os conforme a determinação do superior. Não me revestia de sentimentos, não era mais o meu caso.

Aos poucos fui recuperando o discernimento das magias ancestrais e passei a me servir delas quando julgava necessário, porém com mais sabedoria. Quando já me sentia um pouco melhor, o guardião me convocou à sua presença.

– Temos de ir ao portal. Um senhor de lá solicitou sua presença.

– Estou à inteira disposição, mestre.

Dessa vez não fui na garupa nem correndo. Plasmei minha própria montaria e vestimentas. Adquiri essas habilidades com o passar dos anos, para surpresa do mentor. Sendo assim, nossa viagem foi mais rápida e segura.

E lá estava eu novamente em frente do grande pórtico luminoso, onde uma grande entidade se apresentou, cativando-me por sua beleza. Outras duas a acompanhavam, porém não eram menos fascinantes.

–Venham, queridos guardiões, sejam bem-vindos à nossa esfera!

Logo pensei: "Guardião? Eu?".

– Sim, e por que não, amigo?

– Desculpem-me, não pude me furtar desse pensamento.

– Não há motivos para se desculpar.

Quando atravessei o portal, notei que outras roupas se plasmaram em mim sem minha interferência direta, o mesmo se deu com meu mentor. Já no interior, fomos convidados a nos sentarmos, ao redor de uma mesa cristalina, onde, após breve oração, nosso anfitrião tomou a palavra:

– Temos notado vosso esforço na senda que empreenderam nas esferas inferiores, recolhendo as almas caídas segundo nossas determinações, bem como outros trabalhadores do mesmo campo de trabalho, porém em outros orbes. Percebemos que cada vez mais se torna necessária uma organização maior, com mais trabalhadores.

O porvir se nos apresenta terrivelmente difícil. Caberá a vós então alistarvos um exército que se colocará a vosso serviço, para o devido socorro das almas enfermas. Assim determinou nosso amado Pai, e assim será.

– Mas, Senhor, como faremos isto? Quais diretrizes deveremos seguir para julgar se este ou aquele poderá servir para nosso quadro de trabalhadores? – indagou o companheiro confuso.

– A ti, All-Him Terh-Lor, caberá apenas amparar. Ao filho Akir-Iunan será dada a incumbência do alistamento. Tu não sairás mais do trono, ao qual serás assentado à minha esquerda. Dele irás irradiar teu poder e dele Akir-Iunan se servirá, pois ele não terá mais novas oportunidades na carne.

– Mas... – tentei argumentar algo em vão.

– Acalme-se, filho. O poder a ti será conferido à medida da necessidade e formarás um poderoso exército para servir nosso Pai, que nos governa do mais alto dos céus.

– Como?

– No tempo certo tudo será esclarecido.

Retiramo-nos respeitosamente e voltamos ao nosso ponto de trabalho. Confesso que me sentia atônito e muito preocupado. All-Him parecia mais calmo e se limitou ao silêncio característico. Então me lembrei de suas recomendações iniciais e calei o pensamento abalado. As dores do passado ainda me pesavam no íntimo e foi assim que me dei conta da oportunidade de reparar meus erros.

Decidi cumprir aquela missão com afinco. Continuei fazendo minhas tarefas nas trevas sem medir esforços. Enquanto isso, uma força interior me repelia ao objetivo de encontrar um lugar onde pudesse estabelecer meu ponto, tal qual o de meu mestre. Até que ele me inspirou a fazê-lo logo abaixo do seu.

Então, depois de higienizar o local, construí meu trono inaugurando meu primeiro degrau, irradiado diretamente pelo protetor. Com tudo estabelecido, passei a buscar e regenerar almas para me servirem como trabalhadoras.

Mas qual o quê! Como identificar corretamente as falhas e pecados dos errantes que me eram designados. Aos poucos meu ponto foi se tornando um amontoado de lixo, tal era o estado das almas aprisionadas naquele desterro.

Estava eu diante daquilo, com uma mão na cintura e a outra no queixo, olhando os infelizes espalhados pelo chão, tentando encontrar a solução adequada, quando meu Senhor me falou:

– Escuta-me com atenção. Há um mestre do alto que quer te instruir, mas tuas divagações não permitem que o ouças claramente. Portanto, vai ao lugar que estou te mostrando e vê o que ele quer te falar e para de te preocupares com esses pobres coitados; se te mandei trazer aqui é porque tive um motivo, o qual, se tratasses de sintonizar, saberias.

Não disse nada, apenas meneei a cabeça positivamente. E fui ao encontro do mestre do alto.

Em alguns segundos já estava diante da nobre entidade, de feições altivas e que irradiava de si uma luz azul muito intensa. Ele se dirigiu a mim mentalmente, ligando um fio da mesma cor em meu cerebelo, e falando em linguagem cristalina:

– Tenho uma importante tarefa para ti. Há muito tempo um filho muito querido foi capturado e aprisionado injustamente por tentar salvar um humano desencarnado, que era perseguido por uma odiosa falange maligna, dominada pelo ódio. Sua ordem é que resgates os dois e os tragas até mim neste mesmo lugar.

Sem vacilar e sem fazer perguntas, logo sem saber qual a direção a seguir, retirei-me afoito, quando fui alertado pelo mentor:

– Tem calma, se continuares assim serás capturado também. Plasma outra forma de trabalho e sê cauteloso. Como disse anteriormente, sintoniza o fio que ainda está ligado em teu córtex, ele é a chave para encontrares teu destino.

Acatei as recomendações do mentor e rapidamente encontrei a prisão. Mantive-me oculto enquanto observava a movimentação dos carcereiros. Planejei cuidadosamente minha ação, buscando identificar os líderes daquela matilha infernal, como nos velhos tempos de guerreiro africano.

Adotei uma aparência mais adequada à ação e parti para o ataque. Porém, quando agarrei o ser imundo, que prefiro não descrever, lembrei-me de que não portava arma alguma. Por alguns instantes me vi em apuros, porém algo me fez erguer a mão esquerda acima da cabeça de meu prisioneiro e uma espada surgiu nela, enquanto o infeliz alardeava minha presença.

Guardas fortemente armados me cercaram, ignorando a ameaçada da espada. Sem alternativas, tive de desferir um golpe certeiro no peito da criatura e senti a forte vibração que dela emanava. Em segundos restou apenas um ovoide caído a meus pés.

– Mais alguém? – perguntei enérgico.

Todos se renderam, pois o fio negro que os sustentava não existia mais. Intuído pela entidade, troquei a espada de mão e ergui a canhota à minha frente; nela surgiram as chagas do passado e por elas um a um dos que restaram foram passando, cada um por um dos furos, já não tão doloridos.

Nada mais restando, peguei o ovoide e destruí a prisão, libertando todos que nela se alojavam, e os conduzi calmamente pela escuridão, até atingir o ponto de partida, conforme havia sido ordenado.

Entreguei todos ao grande senhor, que me parabenizou demonstrando gratidão. Saudei-o cordialmente e retornei ao meu ponto portando o ovoide. Mas o que fazer com aquilo? De onde surgiu a espada? E o advento das almas passando pelas chagas de minha mão? Tais perguntas demandam um novo capítulo, e trataremos a seguir.

Capítulo 6

O Mistério

Buscava respostas para as dezenas de perguntas que fervilhavam na mente, sempre mirando a palma da mão. E já não via as chagas como feridas, mas como uma ferramenta de trabalho. Entretanto, queria saber como aquilo era possível, quando fui interrompido por uma voz que me ordenou em tom suave:

– Atente-se no orifício ao centro.

Eu obedeci, embora soubesse que não se tratava de alguém de meu conhecimento. O buraco então foi se ampliando gradativamente à medida que minha concentração se acentuava, de tal maneira que não mais via a mão, mas um portal energético se abrindo magisticamente. Ele era, aliás, é até hoje, magnificamente cristalino.

No lado de dentro eu vi algumas entidades portando um grande livro negro, que apresentava o histórico de almas caídas no mistério da fé. Um fio cristalino se ligou entre meu córtex e as entidades, então o anjo tornou a falar:

– Eis que o mistério da fé se assentou em ti...

Tive de fazer um juramento em seguida e não foi permitido que eu o relatasse, por se tratar de um mistério da magia ancestral iniciática e cósmica, bem como os demais elementos a ela pertencentes. Desta forma aprendi a me utilizar da primeira chaga, onde as almas nela recolhidas são entregues aos guardiões e às guardiãs da Grande Senhora do Tempo.

Mas então outro problema surgiu. Não obstante a outorga recebida para autuar e encaminhar os caídos nesse sentido, sempre que tentava fazê-lo, um fio negro se ligava aos pobres e os impedia de serem transmutados, deixando a missão incompleta. Mas o que era aquilo, um desafio? Quem poderia estar causando tais infortúnios?

– Cuidado – alertou-me o mestre.

Minha espada surgiu na cintura involuntariamente, o que me deixou com os instintos aguçados. Comecei a ouvir um forte ruído de algo rastejante, mas nada via. Plasmei minha forma de combate, tentando identificar o invasor de meus domínios.

– Não há razão para tanta cautela, por enquanto não quero atacá-lo. Vim apenas conversar em missão pacífica.

– Quem é você, então? Apresente-se para que eu possa vê-lo.

Ele atendeu meu apelo e assumiu sua forma humana, apresentando-se:

– Sou Lucy-Yê Fér-Yê, amigo!

Obviamente assustado, dado meu passado ignorante a exorcizar pessoas endemoniadas, como se costuma dizer no jargão católico, fiquei sem reação.

– Ora, deixe de ser tão idiota, não há espaço para esses tabus ridículos em nosso meio.

Um pouco mais calmo, apresentei-me, mas ainda ressabiado.

– Desculpe-me, nunca pensei que um dia o conheceria pessoalmente.

– Por saber que aqui é um espaço isolado, revelei-lhe meu nome, mas fora daqui não o pronuncie, a menos que estejamos frente a frente e em lugar igualmente propício.

– Está bem, assim será. Mas a que devo sua inusitada visita?

– Trata-se de um assunto delicado por aqui. Se recebeu a incumbência de transmutar almas de meu mistério, é bom que cumpra. Mas antes saiba que as coisas não funcionam bem assim. Existe o mérito a ser observado e quem julga isso sou eu, pois nesse campo não há meio termo. Ou fé ou ilusão. Portanto, para concluir seu serviço com êxito, me consulte antes.

– Ocorre que o que estou fazendo é por determinação de superiores.

– Aqui no embaixo o superior do mistério da fé sou eu. Somente eu puno, esgoto e julgo quando as almas imundas caídas nesse sentido devem ou não ser encaminhadas.

– Ele tem razão, Ngare! – exclamou meu mentor.

– Viu? Seu superior imediato compreende. Não vou interferir em seu posto... Por enquanto! Mas é bom que saiba que há uma lei por aqui, e é melhor você se inteirar dela. Fique ciente que toda sua habilidade, rezas, chagas e espadas não têm efeito contra mim.

– Como devo proceder então?

– Aprende primeiro como punir e esgotar, até mesmo vitalizar, pois num futuro breve esse será teu principal trabalho. Depois saibas como negociar. Vejo aqui um monte de ovoides valiosos e outra porção de almas perdidas e sem amparo nenhum. Não posso te ensinar tais atributos, mas posso exemplificar rapidamente. Vê aquele pobre coitado ajoelhado em oração vazia?

– Vejo.

– Observa.

Ele assumiu sua forma de trabalho e se dirigiu ao homem, cravou as enormes presas em sua jugular, sorvendo dele a energia vital, e o subjugou. O infeliz então se deitou ao chão com os olhos estatelados, dando mostras de um ser assustado e apavorado.

– Agora sim, ele ficará nesse estado até se arrepender de seus erros hediondos. Esses imbecis que navegam na embarcação carnal e que atentam contra a vontade do Pai, iludindo e ludibriando as pessoas em nome da fé, me incomodam sobremaneira e não há meios de me aliviar senão punindo-os.

Por isso não deixei que o transmutasses e assim sempre será, a menos que passe pelo meu crivo. Vou levá-lo com algumas outras almas e quem sabe te entregarei alguma que porventura esteja preparada para sair do inferno a que se submeteram.

– Leve quantas quiser. Mas acho melhor me inteirar dessas leis que mencionou há pouco. Não quero angariar mais inimigos.

Ele se retirou do mesmo modo que entrou, misteriosamente. E não vi onde alojou as almas que carregou consigo.

Novamente "sozinho", e um pouco mais inteirado sobre a nova situação, suspirei olhando ao léu e sintonizei meu mentor, buscando maiores esclarecimentos. Por que Ele não me dissera isso antes? Afinal, se tenho de trabalhar por muito tempo nesse antro, seria melhor se soubesse por onde começar!

Mas então recebi a instrução para me calar e aguardar. Obedeci resignado e prossegui no cumprimento de minhas tarefas, mesmo sem saber o que fazer. Até que recebi uma instrução do chefe:

"Eis que vos foi providenciado um instrutor, mas não será possível que vossos encontros se deem em nosso ambiente. Ide ao encontro dele na alvorada e observai a cautela. Alguns novos inimigos vos espreitam".

Segui o caminho mentalmente até o ponto de encontro determinado e vi várias armadilhas energéticas espalhadas por inimigos das trevas que pareciam sedentos em capturar não só eu, mas qualquer tarefeiro do bem que por ali passasse.

– Mas que audácia! – exclamei intimamente e ouvi a risada do mestre, denunciando sua presença sempre junto de mim. Fora a primeira vez que o ouvi rir.

"Não se envolva com eles, pois outros guardiões estão designados para combatê-los. Apenas evite ser capturado, sei que isso você faz muito bem."

– Claro, senhor...

Conforme ordenado, apresentei-me no local determinado sem maiores problemas. Assumi uma forma plasmada meio que ridícula e passei despercebido pelos tais inimigos. Fui recepcionado por um Senhor de porte nobre, de estatura alta. Barba e cabelos longos, porém bem cuidados. Vestido em nobres vestes azul-escuras, adornadas de fios dourados, munido de espadas grandes e um livro de capa surrada na destra.

– Salve, senhor Akir Iunan. Como se sente?

– Bem e ansioso!

– Permita que eu me apresente. Meu nome é Lii, isso mesmo, com dois "is". Sou um mestre sete, da ordem iniciática do templo dos cristais azuis. Não tive vida na carne, portanto sou um encantado natural gerado sob o orbe celestial da luz azul. Gero em mim, e de mim irradio, os mistérios essências da lei.

Fui enviado para te instruir porque, assim como teu pai, já atuei nos planos inferiores da dimensão humana há seis séculos e, desde a conclusão da formação dos sete tronos no embaixo, tenho assistido o trabalho dos guardiões de Mehor-Yê no sentido de lhes auxiliar no rígido cumprimento das leis que os regem, bem como em suas missões. Agora fale sobre você, embora eu saiba mais sua jornada espiritual do que você mesmo.

– Então não há muito que falar, não é mesmo?

– Essa é sua primeira lição: "Conhece-te a ti mesmo". Saiba de suas limitações, medos e vícios, só assim poderá suplantá-los. Lembre-se de que eu nunca fui humano, por isso mesmo desconheço as vicissitudes de tal jornada, bem como seu guardião. Ele te sustentou na vida terrena por milhares de anos, mas nunca experimentou a vida em sua plenitude. Então te digo, esquece definitivamente todo e qualquer sentimento humano; por isso eu insisto: fale-me sobre você.

Despido do véu da vergonha, deparei-me com um ser interior totalmente diferente dentro de mim. As vendas escuras do medo foram saindo dos olhos e o que fui descobrindo a meu respeito me deixou assustado. Ao mesmo tempo sentia que o espírito ficava cada vez mais leve, conforme as revelações se desdobravam ante o depoimento íntimo guiado pelo novo professor. Após uma hora dessas confissões, interrompeu-se o exercício.

– Percebeu a importância do conteúdo de nossa primeira aula, Akir?

– Sim, claramente – respondi atônito.

– Muitas outras revelações se farão e por isso esse será seu exercício diário a partir de hoje. Depois lhe revelarei os mistérios da lei em todos os seus aspectos.

Desdobrei-me entre o trabalho de socorrista no astral inferior e os estudos. O conhecimento me levou a concluir que, apesar de punidor e esgotador, eu era acima de tudo um socorrista para dar um fim mais nobre às almas caídas e aflitas. Não me cabia julgar, apenas obedecer e entender melhor o motivo de ali estarem para poder melhor encaminhá-las de acordo com o que estava aprendendo a respeito das leis eternas.

Toda alvorada eu me apresentava e começava a meditar, expurgando de mim os medos e as aflições, depois prestava atenção nas palestras elucidativas do mestre Lii.

Em razão da necessidade de instruções práticas, criamos um canal de comunicação com um fio azul, numa frequência específica, pois para acessar o umbral das almas condenadas a toda sorte de pecados e, não sei se seria necessário, não nos custa esclarecer que o umbral a que me refiro é diferente de um indivíduo para outro.

Em alguns temos fácil acesso, mas na maioria das vezes é extremamente difícil e depende muito da quantidade de erros e da ignorância que cada um tem a respeito deles e dos inimigos angariados na jornada carnal.

Muitas vezes só mesmo com ajuda de servidores especializados é que se consegue libertar esses condenados da própria alma dos pesados grilhões do passado terrível e infame.

Outros se julgam donos da verdade, não aceitam o erro e não aceitam diálogo a não ser com o próprio Deus. Quem pensam que são?, eu perguntaria. Pobres ignorantes, responderia-me. Mas como a primeira lei nos ensina, não devemos nutrir quaisquer tipos de sentimentos, como piedade, compaixão, ódio ou amor, pois somos executores e assim devemos agir.

Com essa ferramenta meu acesso aos mais recônditos campos foi facilitado. Desenvolvi a habilidade de identificar as auras dos condenados e seus aspectos evolutivos, à qual esfera evolutiva pertenciam, se tinham ou não aptidão para o trabalho e se poderiam ser aproveitados em outros campos de ação.

O treinamento foi intenso e devo confessar às vezes desanimador. Quando pensava que iria retornar ao meu ponto e descansar um pouco, lá encontrava um livro pronto para ser lido e entendido até a próxima aula.

Aprendi também a preparar fluidos energéticos reparadores, valendo-me dos tempos de feiticeiro, com os quais comecei a ministrar aos enfermos internados em minha clínica temporária.

Se acaso houvesse a afinidade necessária, começava a instruí-los, ligando neles um cordão de minha frequência vibratória; e assim se inaugurou o primeiro degrau evolutivo e consequentemente o respectivo grau de ascensão, com os sete primeiros trabalhadores de minha própria falange. Mas o trabalho se intensificou, não pensem o contrário.

Até que um dia fui convocado para comparecer ao encontro do mestre Lii fora do horário costumeiro. Mesmo estranhando, compareci solícito:

– Pois não, senhor, o que deseja?

– Bem, filho, percebi pelo seu incontestável progresso que já pode caminhar sozinho, muito embora nunca o deixarei desamparado. Todavia quero que compareça na próxima manhã ao grande oriente luminoso, pois haverá uma assembleia para tratarmos de um assunto de seu interesse. Vá acompanhado de seus principais assistentes, pois o testemunho deles será necessário. Até amanhã!

Não obstante a minha curiosidade, retomei minhas atividades, no intuito de combater a ansiedade. Afinal, o que poderiam estar planejando a meu respeito? As horas teimavam em se demorar, descontando, é claro, o fato de que, espiritualmente falando e naquele ambiente trevoso da ignorância humana, não se conta o tempo.

No momento aprazado, convoquei meus companheiros e partimos rumo ao oriente luminoso. O grande mestre nos recepcionou:

– Sejam bem-vindos! Venham, devo acomodá-los.

Seria muita pretensão de minha parte imaginar que seríamos realmente acomodados no interior de tão luminoso ambiente. Havia, aliás, há até hoje, um salão construído especificamente para a recepção de guardiões habituados aos orbes inferiores. Ali as faixas vibratórias são ajustadas de modo a não prejudicar nem os visitantes, como eu e meus assistentes, nem os membros do alto.

Devidamente acomodados, aguardamos o início da assembleia em silêncio absoluto. Um grande senhor, por mim desconhecido até então, tomou a palavra em breve oração; depois me convidou a sentar numa cadeira localizada no centro da numerosa plateia. E disse no idioma ancestral:

– Prezados membros deste conselho, eis que vos apresento o mestre, que, como todos devem saber, é um antigo manipulador das energias. O longo tempo adormecido no leito carnal, e consequentemente sujeito às intempéries características deste plano, anulou quase por completo tal competência.

Contudo, o trabalho que vem realizando em favor das pobres almas caídas e a grande dedicação ao aprendizado nos mostraram uma grande regeneração íntima, o que me leva a crer que já podemos lhe confiar o grau de Exu de Lei.

Deste modo abro a pauta de discussões, para podermos avaliar melhor a solicitação do M.L. All-Him Terh-Lor-Yê, aqui presente e a quem passo a palavra, para que teça as devidas considerações e justificativas.

Meu mentor se levantou e, com autoridade, dirigiu a palavra a todos, com requintes de exímio advogado, apresentando meu histórico evolutivo em argumentos efusivos para que seu pedido fosse aprovado. Seguiram-se longas horas de caloroso debate, porém pacífico e organizado, até que o Senhor das Chamas Sagradas me dirigiu a palavra:

– Senhor Akir-Iunan, o senhor nos foi apresentado como grande conhecedor das leis e, como argumenta o Senhor All-Him, entusiasmado defensor do bem, com grande dedicação ao trabalho e aos estudos.

Por isso gostaria de sugerir aos presentes que procedêssemos a uma sabatina oral para poder avaliar melhor sua aptidão, que, por sinal, não sabemos se tem a noção exata da grandeza deste cargo e se realmente está disposto a assumir. Por isso pergunto ao senhor: sente-se preparado para este desafio?

– Não me alongarei muito. Afirmo apenas que me sinto plenamente preparado para a prova e também para assumir o cargo pleiteado por meu mestre e salvador.

– Todos concordam? – perguntou o Senhor Agne-Yê.

Com a afirmativa geral, iniciou-se a sabatina que se alongou por dias de cansativas questões que abordavam todos os aspectos das leis nos sete sentidos da vida. Pessoalmente, vencer tal desafio era uma meta tangível e não me cabia a derrota.

Todavia, em meio a tantos questionamentos, me dei conta que a vaidade e a soberba começavam a tomar conta do subconsciente. Senti que tinha de dominar esses sentimentos mesquinhos e lastimáveis. Não podia deixar transparecer tais sentimentos. Sem saber o que fazer, sintonizei o mentor e quase ajoelhado implorei ajuda e todos se silenciaram.

– Parabéns, filho amado. Esta foi sua atitude vencedora. Sua humildade é sua maior virtude, guarde-a sempre consigo – falou meu mentor orgulhoso.

O Mestre do fogo retomou a palavra:

– Podemos começar a votação, e meu voto é pela aprovação.

Todos aprovaram unânimes. Mas uma última entidade nos disse:

– Minha aprovação dependerá de uma tarefa. Não quero dizer com isso que o reprovo, apenas quero um favor antes de dar meu voto!

Como se todos soubessem os motivos, concordaram com a grande Senhora, de maneira que não pude negar.

– Bem, filho – disse-me Ela. – Meu pedido a ti é que resgates um ser muito querido que está aprisionado no sétimo grau negativo de meu trono, adormecido pelo ódio que o arrebatou a aproximadamente seis séculos. Podes fazer isso para mim?

Respondi afirmativamente sem vacilar, mas não me furtei da pergunta íntima: "Por que eu?".

A resposta veremos a seguir.

Capítulo 7

O Resgate

Sem saber com exatidão a extensão da missão a mim delegada, retornei ao posto junto com meus servidores e tratei de estudar os recursos necessários e traçar minha estratégia de ação. Concomitantemente buscava a razão para a missão ser passada a mim, com tantos guardiões e guardiãs à disposição.

Que razão levara a Grande Senhora a tomar essa decisão? Mas não encontrava a resposta. A que fim se destinaria uma criatura mergulhada em tão profundo abismo odioso? Que loucura a levou a isso? Quem ele persegue? E para quê? "Bem", pensei, "primeiro preciso encontrá-lo... mas onde?".

– Não quero interferir, filho, mas creio que a Senhora te deixou uma pista – falou-me o Senhor All-Him, evidenciando certo tom de preocupação na voz.

Prestei mais atenção e logo vi um cordão cristalino vindo do alto que estava ligado ao ente em questão, visível somente aos licenciados para isso. Segui-o cauteloso e fui mergulhando numa escuridão sem fim.

Retornei rapidamente, pois me dei conta de que sozinho não poderia penetrar em tão hostil ambiente. Definitivamente eu já não era o homem infame e prepotente do passado. Precisava de auxílio e humildemente pedi ao pai que nunca me falhou.

– Senhor All-Him! – evoquei mentalmente.

– O que desejas, filho?

– O lugar é muito profundo. Receio que sozinho não poderei penetrá-lo tão facilmente. O que devo fazer?

– Existem seres especializados para esse tipo de tarefa. Se eles não puderem entrar, ninguém poderá. Busque a ajuda deles junto ao trono Mehor. Certamente Ele o atenderá.

– Obrigado, mestre.

Acatando o conselho recebido, dirigi-me ao trono de Mehor-Yê num ritual fechado e argumentei minha necessidade. Fui prontamente atendido. Imediatamente uma espécie de sombra se pôs à minha disposição. Ela não tinha forma definida. A melhor descrição seria a de um espelho, ou seja, onde havia fogo, sua imagem se amalgamava nele, e assim por diante. Era o vazio em si, mas, quando queria, tinha luz própria.

Conectei-me a ele e percebi que através de seus olhos as trevas se iluminavam e o éter se completava. Com ele em minha companhia me senti mais seguro para chegar ao abismo, alvo de nossa missão. Depois de nos afinarmos na frequência comunicativa, mostrei-lhe o cordão rosado que nos conduziria ao ser que deveria ser resgatado, e seguimos. Dessa vez não houve cautela.

O novo amigo desceu rapidamente e em segundos avistamos a criatura monstruosa. Melhor não descrevê-la, vou privá-los de tamanho horror. Ali nada se via a não ser um amontoado de cadáveres gemendo, enquanto se ouviam gargalhadas ecoando pela escuridão. A atmosfera era tão densa que sufocava a respiração. Qual a razão de tanto ódio? O companheiro me instruiu a penetrar na mente do pobre coitado, que esbravejava furioso, manipulando seus cordões sujos, ligados a alguns infelizes na corrente carnal.

Centenas de almas escravizadas lhe serviam submissas, como se não houvesse alternativa. Sem alarmar minha presença, entrei no subconsciente do malfeitor e comecei a investigar-lhe o passado. A primeira surpresa se deu ao descobrir que não se tratava de um homem, mas de uma mulher. Com a mente dominada, tratamos de cessar todas as atividades negativas dela, mas mantivemos os cordões ativos, para não sermos descobertos. Começamos a retroceder no tempo a fim de desvendar o histórico, até o tempo do último desencarne, há aproximadamente 700 anos.

Naquela torpe encarnação tive a segunda revelação, que me deixou mais chocado. Encontrei-a nas vestes de grande maga, amiga de todos e benfazeja. Atendia a todos com carinho e atenção desinteressados, sem medir esforços para ajudar. Eis que a inquisição lhe bateu a porta na figura de um padre, inimigo de bruxarias e cego pelo aprendizado equivocado, o qual não deu ouvidos aos apelos do povo que a aclamava como mãe e heroína. Sem demonstrar piedade, o tal sacerdote a estuprou várias vezes antes de queimá-la viva em praça pública.

Então a alma liberta viu todo seu amor se transformar num ódio tão profundo que a deixou naquele estado lastimável. Mas o pior foi me identificar como o bispo imundo que a dilacerou por dentro. Só não caí em prantos porque, além de estar amparado pelo amigo, já havia enfrentado esse episódio durante minhas aulas junto ao mestre Lii. Fora do mental da pobre inocente, busquei a solução mais adequada para o caso. Outra não foi senão enfrentar o dolorido pesadelo para tirá-la daquela condição por meio do perdão. Bem que meu mentor tentou interferir, mas não permiti.

– Desculpe-me, senhor, muitos erros eu cometi e a maioria eu corrigi, menos este. Não vou perder esta oportunidade. Aliás, só agora consegui entender o motivo pelo qual fui designado a esta fatídica missão.

– Disso todos sabiam, mas não revelamos por receio que não viesse cumpri-la. Creio que nos enganamos, mas tome cuidado.

O companheiro se posicionou estrategicamente para evitar nossa captura, protegendo-me pela retaguarda, e me deixou à vontade para agir. Preparei-me mentalmente, suspirei profundamente e me apresentei diante da maligna, ainda sob minha forma de trabalho.

– O que quer aqui, guardião dos infernos? Não sabe que não pode interferir em meu ponto? Vá antes que eu o aprisione como fiz com outros infelizes!

– Acalme-se, senhora, vim em missão de paz!

– Paz é, que paz? Com essa espada embainhada na cintura você quer que eu acredite em paz! Pois saiba que ela não tem efeito nenhum sobre mim.

– Será que não? Não lhe desejo mal, mas é melhor não me desafiar. Quero apenas dialogar.

– Dialogar sobre o quê? Vamos, fale logo...

– Sobre o perdão, por exemplo!

– Mais um doutrinador estúpido – respondeu em meio a gargalhadas. – Isso não existe. Só sairei daqui depois de arrancar o membro daquele canalha imundo e beber todo o sangue de suas entranhas. Porém, antes de aniquilá-lo quero violentá-lo com este falo que preparei especialmente para esse fim.

Evidencio que o teor das palavras foram de tão baixo calão que prefiro preservá-los delas.

– Fique ciente de que sei o exato motivo para tanto ódio e vingança, mas não apoio.

– Se sabe o motivo, então conhece o ditado: "Olho por olho, dente por dente".?

– Sim, conheço! Mas não nesse sentido macabro. Posso lhe provar que a vingança não leva a nada.

– Prove-me, então. Aliás, quem é você para querer me provar alguma coisa?

– Aqui no embaixo meu nome é Tiriri, na última encarnação meu nome era Ngare. Fui enviado pela Grande Senhora do Amor para te tirar deste antro horroroso, mas há um motivo mais profundo, que também se apresenta como um resgate.

– Como assim?

– Só um instante, por favor...

Parti para a ação reparadora, cortando com energia todos os cordões, abrindo todas as prisões e chamei meus falangeiros, que iniciaram a imediata higienização do ambiente. Depois levaram todos os prisioneiros, tudo sob a atenta vigilância do novo companheiro que se mantinha oculto. Puxei todos os escravos atados aos sujos cordões e os deixei escolher entre a transmutação pelas chagas ou a morte pela espada. Não preciso falar da maioria das decisões, não é mesmo? Com o ambiente mais adequado, finquei minha espada no coração da infeliz e a libertei de toda aquela grossa casca que a recobria. Vendo-a com a aparência restituída, prossegui com a conversa.

– Assim está melhor...

– Por que me destruiu, seu nojento idiota?

– Bom... Primeiro, porque vim para tirá-la daqui e, segundo, para restabelecer a paz em seu interior.

– Como? Já disse que não haverá paz enquanto não concluir minha vingança.

– Ocorre que, antes de ser um escravo africano, fui o bispo Gregórius. Isso te lembra de alguma coisa? – respondi plasmando a antiga forma, enfrentando meus temores.

– Não pode ser... Como?

– Sim... Eu mesmo. Eis que ponho meu membro à sua mercê e seu falo está ali. Proceda com sua vingança. Se isso lhe trará a paz e se for a única forma de te levar até a Grande Senhora, dona de sua evolução, assim será.

Ela respondeu, sem ação:

– Como pode? Você não passa de um crápula nojento e sem escrúpulos... Não é possível que tenha tanto poder!

– Ora, senhora, foi preciso algum tempo na carne, vivenciando as provações e resgatando muitos erros desta encarnação estúpida. Depois um longo período de trabalho nas trevas para reconhecer todos eles e me perdoar, só depois é que adquiri algum grau. Por isso peço seu perdão e prometo ajudá-la no que for preciso. Venha, vamos ao encontro de sua Mãe que a aguarda. É necessário que desperte para uma nova vida agora, o perdão virá com o tempo.

Visivelmente enfraquecida e totalmente dominada, a pobre senhora não ofereceu mais resistência. Mesmo assim meu pequeno companheiro ministrou-lhe uma dose de um elemento fluídico espesso, colhido no próprio cordão que nos ligava ao alto e a fez dormir instantaneamente. Depois esclareceu:

– Se a levasse até a grande Mãe no estado espiritual em que se encontra, ela não suportaria a diferença de densidade e correria o sério risco de explodir, impossibilitando o resgate.

– Obrigado pela excelente elucidação, querido amigo. Guardarei esse aprendizado com grande zelo.

– Muito bem. Mas é bom que pare com essas frivolidades inúteis de boas maneiras por aqui. Aceito de bom grado sua amizade, mas guarde-a consigo e não a revele nas trevas. Temos inimigos cruéis por aqui que adoram encontrar queridos amigos para se vingarem. Portanto, mais cuidado.

– Desculpe, não pensei nisso!

– Então, pense.

Já em esfera mais segura nos despedimos e ele ainda acentuou.

– Meu Senhor Mehor-Yê me pôs a seus serviços. Por isso quando houver necessidade me chame assim: "...".

Creio que é melhor deixar assim, afinal é um mistério!

Depois de me recompor energeticamente, partimos, meus companheiros, e eu, ao grande oriente luminoso, onde entreguei o espírito adormecido da pobre moça aos pés da Senhora que me requisitou; e ela me concedeu sua aprovação, conforme havia prometido. Diante disso, o Grande Senhor da Lei dirigiu a palavra em alto e bom tom:

– Está feito então. Doravante poderá ser chamado de Exu Guardião, porém para sua coroação como tal será necessário que conclua sete trabalhos, um para cada trono aqui presente. Depois de assentados os sete símbolos sagrados da Lei Maior, terá a devida autorização para fazer uso desse grau.

Ajoelhei-me respeitosamente e disse emocionado:

– Eu prometo perante todos que cumprirei com total empenho todas as missões a mim designadas, não por vaidade, mas para alívio de minha própria consciência.

O Grande Senhor se posicionou à minha frente e determinou:

– Assim esperamos. Como prova de nossa confiança, outorgo a ti os poderes de minhas sete espadas, os quais poderão ser evocados desta forma: "...".

Não pensaram que eu iria abrir esse mistério, pensaram?

Voltei ao meu ponto de forças, estabelecido logo abaixo de um campo santo localizado nas imediações da capital do Estado hoje chamado de Minas Gerais e de lá passei a supervisionar o trabalho dos falangeiros das sete chagas sagradas. Organizei ali uma biblioteca, que plasmei baseado nos livros da Lei que li, com a devida autorização do M.L. Lii. Se assim foi elaborada é porque está devidamente guardada em mim, pois os conhecimentos nela contidos são fechados e, caso algo aconteça comigo, o que é difícil, tudo o que há nela será automaticamente destruído. Totalmente dedicado ao trabalho, recebi um dia a inusitada visita do Grande

Senhor da Lei, que trazia consigo um pesado livro negro, que entregou a mim dizendo:

– Aqui está, filho. Neste livro estão descritas todas as missões. Depois de executá-las, na ordem de sua preferência, apresente-se novamente no grande oriente. Boa sorte.

E se retirou do mesmo modo que surgiu, deixando em mim o sabor maravilhoso da energia pura de sua aura maravilhosa, da qual me sirvo até os dias atuais, sempre que necessito, é claro.

Recluso em meu ambiente particular, recordei-me das lições do Senhor Lii, que convenientemente, e não por acaso, apresentou-me a máxima de autoria bem conhecida de um dos seus protegidos: "Conhece-te a ti mesmo". Tive a impressão de uma visão panorâmica de minha evolução pessoal. De simples executor das tarefas passadas pelo Senhor All-Him Terh-Lor-Yê, ou simplesmente Senhor Omulu-Yê, capturando almas sofredoras, a regenerador e transmutador, via agora diante de meus olhos uma oportunidade única de serviço que estava descrita num livro de proporções iguais às da Bíblia, conhecida de todos e que insistem em denominá-la de sagrada.

Mas eu digo e está escrito: é breve o tempo em que as reais escrituras se revelarão isentas das vaidades e ambições do homem podre que domina este campo religioso e somente nesse tempo poderão considerá-la como sendo realmente sagrada. Mas, retomando o assunto, despertei de minhas vãs divagações e passei a analisar o pesado livro com grande atenção e encontrei as mais diversas situações. Tracei meus planos de ação e me pus ao trabalho incansavelmente.

Como não nos é possível narrar todos os trabalhos realizados, seguem então os principais, e com a devida autorização das almas envolvidas.

Capítulo 8

As Missões

Em se tratando de ciência, podemos afirmar com certeza que toda ação gera uma reação igual e em sentido contrário. Correto? Contudo, no âmbito espiritual esta lei se aplica de tal maneira que beira ao ridículo. Senão vejamos.

A primeira missão que resolvi assumir, tratava-se mais ou menos deste assunto e se assemelhava à da dona que resgatei a serviço da Senhora do Amor ou Oxum-Yê, se preferirem. Lembram-se?

Depois de estudar detalhadamente as vidas regressas do infeliz que iria resgatar, aprofundei-me até uma época remota, nos grandes castelos cristalinos, quando então sua alma ingressou na dimensão humana advindo de Capela. Isso por si só já me dava completa noção da ignorância do ser em questão, entretanto resolvi prosseguir na investigação para me munir de maiores conhecimentos a respeito do merecimento dele em receber o alvitre do Sagrado Senhor IIA-OR-XÓSSI-YÊ.

Que relevância teria ele diante de bilhões de outras almas pertencentes ao mesmo trono de evolução tão magnífico? "Aos olhos do Criador, toda, pois Sua promessa maior é que nenhum de seus filhos perecerá", respondeu o mentor atento. Então, qual seria o motivo de tamanha queda? Gerações se passaram em que ele viveu inclusive como indígena no interior da pátria do evangelho.

Depois o encontrei trabalhando em singelo laboratório. Era homem de respeitável intelecto e notável cientista e dividia seus dias entre a escola, onde era um grande catedrático, sua família de três filhos e esposa; por fim, dedicava-se aos seus experimentos no laboratório montado nos fundos de sua modesta residência. Contava 42 anos de vida naquela aparente bem-sucedida encarnação.

Mas, então, por que me foi mostrado? Ocorre que o cientista, que é melhor nos abstermos do nome, era obcecado pelas leis da física, que é uma ciência natural, diga-se de passagem, e estava prestes a descobrir um grande fenômeno, que revolucionou o mundo até os dias atuais. Como lhe faltava algo, convidou um amigo para ajudá-lo. E conseguiram.

Os eventos seguintes justificam a recaída do miserável. Sucedeu-se que o pseudoamigo era mais habilidoso nas relações comerciais e também muito influente. Aproveitando-se da ingenuidade, ludibriou o pobre a ocultar a descoberta, alegando que poderia ser obra do demônio, e coisas assim. Mas então numa convenção na capital francesa, tomou para si a patente e apresentou a toda comunidade científica mundial, com grande sucesso.

O cientista furioso tentou recuperar a autoria junto à justiça, mas viu as únicas provas de que dispunha serem incendiadas, com sua casa e toda a família. Depois foi processado por calúnia e desmoralizado publicamente. Desempregado e sem mais nada a perder, ele tentou se vingar do suposto amigo que o desgraçou. Porém, como estava embriagado, fora preso, julgado e condenado à prisão, mas não resistiu à humilhação e se enforcou. Despido das vestes carnais, teve como único objetivo se vingar a todo custo, pois percebera que a morte não lhe proporcionou o prejuízo do raciocínio e da visão.

Elucidativo? Naquele momento sim, pois o traidor vivia outra encarnação em estado de completa demência, perseguido pelo espírito de Albertin. Vamos chamá-lo por esse nome para facilitar a narrativa.

Com tudo isso compreendido, parti para a ação, já que não cabia a mim julgar o traidor, mas salvar seu perseguidor, condenado pela própria consciência. Comecei por localizar o antigo e suposto cientista, que vivia na carne em terras portuguesas. Era o quarto filho de um humilde pescador. Ele estava demente, enclausurado num pequeno cômodo e, se dependesse do pai que estava influenciado pela negra falange, já estaria morto.

Foram as orações da mãe que o salvaram e por isso ali me apresentei. Identifiquei os grossos cordões que aprisionavam o miserável e os anulei, porém os mantive intactos. Era o único meio de localizar meu alvo na escuridão do inferno que o infeliz criou para si mesmo.

Deixei um de meus auxiliares no quarto para vigiar e limpar o mental infectado pelo medo do jovem e segui o fio negro até sua origem, onde vi a extensão das barbaridades deflagradas por Albertin e seus escravos, quase todos cientistas, ludibriados pelas falsas recompensas que receberiam. Tive de conter o ímpeto de destruir todo aquele antro, pois o Senhor Oxóssi-Yê o queria vivo.

Apenas anulei as ações negativas deles e convoquei três de meus servidores, além do companheiro mirim por precaução, e só então me apresentei. Ao notar a imponência de minha presença, foi se atirando ao chão. Eu estava ciente de que aquele gesto era só um engodo, mas ele desconhecia que eu não estava sozinho na empreitada. Quando sua parceira tentou me atacar pelas costas, foi aprisionada por um de meus companheiros que se manteve oculto. Então, dirigi-lhe a palavra com autoridade:

– Levante-se, senhor, sua festa acabou. Está na hora de sair desse lugar.

– E quem por acaso lhe falou que desejo sair daqui?

– Querer não é mais o seu caso, amigo!

– Amigo? Não tenho mais amigos e não confio em ninguém.

– Nosso Grande Senhor Deus me enviou como amigo e assim me apresento a ti. Saibas que sei de tua desgraça, mas nem por isso encontro justificativa para que permaneças aprisionado ao passado. Por isso vim te libertar... Como amigo!

– E quem é você?

– Sou Tiriri, servidor da Lei que nos rege.

– E como acredita que vai me tirar daqui? Meu único desejo é me vingar daquele ladrão imundo que destruiu minha vida...

– Acredita mesmo que foi ele quem te arruinou?

– E não foi?

– Vou te esclarecer. Mas antes preciso tomar algumas providências.

Empunhei minha espada diante dele e a finquei no chão, destruindo todo aquele ambiente sujo. Resgatamos centenas de almas ali aprisionadas e aniquilei os cordões energéticos nele ligados. Quanto à sua esposa, deixei-a ao encargo de meu companheiro. Depois me vali do cetro sagrado para diluir a forma ridícula de Albertin, que só então se deu conta de sua frágil condição.

– Muito bem, agora vamos sair daqui.

O pobre não mais resistiu. Em prantos, ele se entregou e partimos para meu ponto, onde lhe ministrei os primeiros socorros;

ele adormeceu profundamente. Passado algum tempo, ele despertou e então penetrei em sua mente e o conduzi às lembranças do fatídico passado, partindo de Capela até sua queda à dimensão humana. Mostrei a ele toda a extensão de seus próprios erros.

– E agora, como se sente?

– Melhor.

– Percebeu quem errou nessa história toda?

– Sim...

– Então pare de culpar os outros por seus infortúnios!

– Como estará o infeliz que persegui esses anos todos?

– Quer mesmo ver?

– Sim.

– Então, feche os olhos.

E o levei até a pequena comunidade onde encontramos o demente em condições paupérrimas, porém um pouco mais sadio, já fora do leito e tentando ajudar seu pobre pai. Agradeci meu servidor, elogiei-o pelo excelente trabalho e o dispensei. De volta ao meu recinto, abracei o infeliz e disse:

– Vem, é hora de te levar ao Grande Senhor que me incumbiu de teu resgate.

Assim se fez.

Mas se passaram longos anos para que ele assumisse a forma humana novamente. Nos dias atuais, sei que ele é um gênio da ciência, porém está alojado num corpo deveras debilitado.

Passei então a decidir qual seria o segundo caso que deveria tratar. Nem sempre se trata de resgate. Muitas vezes tal recurso não se aplica, o que nos enche de tristeza. Mas o que fazer? Implorar? Isso nunca, o livre-arbítrio existe e está à disposição do ser humano como a mais importante ferramenta de evolução. Fiquei divagando em meus pensamentos, recordando-me de minhas encarnações e aventuras e me lembrei de um breve período que passei junto a uma aldeia indígena.

As lições que aprendi foram para a eternidade, porém só agora me dava conta delas. A simplicidade da vida daqueles esplêndidos amigos não significa que são totalmente ignorantes, muito pelo contrário. Havia muita sabedoria em tudo o que faziam. Nossa comunicação não foi muito bem clara, posto que não entendia o dialeto guarani e nem eles entendiam Iorubá, muito menos o português. Mas os gestos me ensinaram muito.

Voltei à realidade, com um estalo no ouvido, e retornei às minhas missões. Escolhi uma para lhes narrar que não foi exatamente o segundo caso, porém foi muito dolorosa.

Às vezes me pergunto o porquê de tanta ignomínia na alma humana. Que prazer há em querer alguém só para si?

– Porque esse é o projeto para o ser humano vivente na terra expurgar de si esses sentimentos mesquinhos; fará com que a alma se positive e evolua – respondeu-me meu Senhor com sabedoria.

Nosso caso tratava exatamente dessa frágil condição. O amor em seu aspecto mais puro é alimento para o espírito. Como disse um dia um grande amigo e ex-comandante dos tempos de exército romano: "Ainda que eu falasse a língua dos homens e dos anjos, sem amor eu nada seria"! Porém, quando se negativa o amor em si e o aprisiona nos porões do egoísmo e da vaidade, vamos encontrá-lo em forma de planta sem raiz. Não dá bons frutos, nem ao menos flores ela gera. Só rancor, ódio, ciúmes, orgulho, vaidade, preconceito e ignorância, isto é, um flagelo para a alma. Verifiquei assim o quadro do caso em questão.

Aprisionada nas masmorras do ódio, sustentada pelo ciúme doentio que a dominou há três encarnações anteriores, quando vivia na pele de uma bela princesa cuja missão maior era justamente eliminar de si esse sentimento mesquinho e idiota que a acometia há centenas de anos, quando vivia como rainha e pelo mesmo homem se apaixonou. Ocorreu que o imbecil nunca fora de bom caráter e sempre se fez valer de seu poder e *status* para seduzir outras mulheres.

Longe de mim querer julgá-lo, pois que me vi na pele dele quando fui aquele sacerdote do passado cruel. Mas o egoísmo da esposa não permitia tais devaneios e ela o queria só para si. Porém, quando o tinha nesta condição, apenas adorava-o à altura de um deus, sem contatos íntimos, como uma estátua para satisfazê-la quando melhor aprouvesse.

Não encontrando na companheira o que queria, buscava subterfúgios em missões de negócios para se satisfazer com as mundanas que encontrava em outros castelos e prostíbulos pelo caminho. Não quero com isso dizer que é um comportamento correto, apenas explanei esta idiotice para lhes dar a clara noção da situação.

Mas por que tanto apego? Bem, para encontrar a resposta precisaria ir mais fundo no passado dela e, para tanto, tinha de encontrá-la primeiro. Então localizei o rapaz que vivia uma encarnação conturbada, em razão do assédio espiritual da terrível obsessora que o queria só para si. Encontrava-se ele acamado e inconsciente, desenganado por doutores da época.

Sem muita esperança e num suspiro de fé, a família recorreu a um humilde senhor espírita, que então buscou na prece o socorro necessário. Foi assim que me apresentei.

– Pois não, em que posso ajudar?

– Pedi a ajuda aos anjos do Senhor e me aparece um demônio. Pois saia daqui, em nome de Jesus.

Já ia responder à altura, quando o mentor do homem falou:

– Recebeste o alvitre necessário e agora recusas. Tens certeza do que pedes?

– Esse é o alvitre? Minha intenção é salvar a vida desse jovem e não arruiná-lo...

– Desculpem-me, senhores – interrompi –, não tenho muito tempo para discussões. Mandaram-me aqui e aqui estou, mas parece que houve algum engano. Então, com licença, estou me retirando e, quando não houver mais ninguém aqui, retornarei para concluir minha missão.

– Faze teu trabalho, irmão Akir, meu filho não vai interferir.

– Obrigado, amigo João. Mas oriente melhor seu protegido, ele precisa saber que as coisas por aqui não funcionam do jeito que ele pensa.

Parti para a ação começando por anular os efeitos negativos da influência dos cordões ligados à infeliz condenada à escuridão da própria alma. Depois fechei o largo buraco negro que estava aberto logo abaixo do leito. Com a influenciação anulada, disse ao amigo espiritual:

– Deixo-os agora em companhia de meu servidor para lhes ajudar no que for preciso. Esse moço logo irá melhorar!

– Obrigado, senhor Akir! Mas trate-nos com mais respeito da próxima vez!

– Ora, João, devia saber que onde trabalho não há espaço para essas frivolidades inúteis!

Parti para o poço, seguindo os sujos cordões até a mais profunda cratera, onde finalmente encontrei a estúpida ainda adormecida pelo egoísmo obsessivo. Ela estava maltrapilha, mal-cheirosa e não parava de repetir:

– Venha para mim, meu amado, venha! Aqui seremos felizes para sempre... Venha...

Aos pés dela havia inúmeras almas femininas subjugadas. Umas gemiam e choravam, outras imploravam por socorro e ainda outras tentavam escapar, mas eram pisoteadas. Todas aprisionadas pelo poder do egoísmo doentio que se transformou em ódio pelas rivais inocentes e indefesas. Percebi a presença voluntária de meu parceiro, que, após muita insistência, se autodenominou de Man-gueirinha, mas este não é seu nome natural, o qual não foi aberto.

Passei a encaminhar as almas sofredoras e através do misté-rio de minhas chagas. Depois tentei dialogar com a infeliz, mas não foi possível. Sua paixão negativa estava tão cristalizada no íntimo que todo o esforço do mundo não seria suficiente para des-pertá-la do transe hipnótico a que se submetia. Sem alternativas, invoquei a Senhora Iemanjá e mostrei a ela o quadro de demência de sua filha.

Diante da devida autorização, cravei minha espada no cora-ção da infeliz, minando toda a energia vital dela. Restou apenas o ovoide, que entreguei a uma guardiã das águas.

Com esse desfecho, voltei ao cômodo onde o homem estava e vi que ele se curou. Tempos depois vim a saber, pelo seu protetor do alto, que ele se casou e se tornou um respeitável político; e, por seguir os ensinamentos da doutrina espírita, deixou de ser promíscuo. Quanto ao velho espírita? Acho que está bem...

O caso a seguir foi um dos últimos que concluí e que foi permitido vos passar pelo próprio espírito.

Estudando o caso, fui encontrar o alvo desta missão numa tribo indígena ao norte do país hoje chamado Canadá. Seu nome então era Águia Dourada, um forte guerreiro e chefe da tribo. Formou-se um homem de grande sabedoria graças aos ensinamentos do avô, que era um excelente curandeiro e se encarregou da educação do neto depois que o pai fora brutalmente morto numa chacina inenarrável. E essa era a única lembrança que tinha do pai, um destemido guerreiro, mas morto.

Isso lhe fugia da compreensão. "De que vale ser tão admirado e respeitado sem o privilégio da vida?", indagava-se inconformado. Graças ao esforço do avô ele era o chefe e, por sua vez, com grande sabedoria, soube conduzir as negociações a ponto de conseguir um acordo para que as terras de seus antepassados fossem preservadas.

Até certo ponto a convivência das raças foi de paz. Mas qual o quê! A avareza do homem branco ignorante, e principalmente a ambição, se contrapôs à paz e tudo se transformou em guerras e chacinas infindáveis.

Águia Dourada se refugiou nas montanhas de onde viu seu povo dizimado covardemente. Mergulhou então em profunda depressão. Convencido de que havia falhado suicidou-se, mas foi brevemente socorrido e inserido na carne novamente, ainda em terras americanas, onde vivenciou três etapas. A primeira, na infância, quando foi testemunha de anos de batalhas e genocídios cruéis. A segunda, na adolescência, quando viu toda sua família assassinada. A derradeira se deu quando se viu sem nada a perder, e entregou-se ao vício da bebida.

Não lhe cabia no íntimo o sentimento de vingança e por isso se julgava um covarde. Desta forma ele se tornou cada vez mais decadente, absolutamente entregue às lembranças amargas que lhe assombravam a mente. Assim se deu de imponente chefe Sioux a um esfarrapado e mal cheiroso alcoólatra branco, indigente e abandonado num beco. Vítima das ulcerações e da cirrose fatal, faleceu. Lendo o histórico pensei: "Mas que idiota"!

– Limite-se a socorrê-lo – alertou-me o Pai.

Eu o encontrei aprisionado em seu umbral, envolto em larvas nojentas, que sugavam toda a sua energia vital. Trancado naquele universo negro da consciência debilitada, desligou-se covardemente da vida. Penetrar ali foi a mais difícil tarefa, tanto para mim como para Mangueirinha. Quando conseguimos é que fomos perceber a extensão das tormentas que o pobre homem vivia.

Começamos a ouvi-lo concomitantemente aos gemidos das mulheres estupradas, os estampidos das armas e os gritos de seus irmãos. Tudo lhe passava na lembrança e ele tentava tapar os ouvidos inutilmente. Contorcia-se e clamava por perdão, mas logo um coro começava a chamá-lo de covarde em meio às gargalhadas guturais.

Então a sede da bebida o aplacava, mas, como não podia beber, vagava pelo espaço etéreo em busca de algum bêbado infeliz e nele se acoplava, sugando a energia negativa do álcool, que tem o mesmo efeito. Eu não podia me compadecer daquela situação patética, mas o que fazer?

– Tire-o deste umbral e limpe sua aura, queimando as larvas astrais nela alojadas, depois o leve ao nosso ponto. Lá ministraremos os elementos necessários para que ele retome seu plano evolutivo.

– Desculpe, Senhor, mas o que a Lei iria querer com um farrapo desses?

– Esqueceste de teu passado? O que pensas? Que foi alguém melhor do que ele?

– Obrigado, Pai, sua breve elucidação me valeu muito!

Entendi que aquele pobre homem tinha algo mais do que eu poderia entender naquele momento. Tratei de obedecer ao conselho de meu mentor e o tirei daquele desterro. Após alguns meses de tratamento intensivo, ele despertou refeito:

– Onde estou? O que faço aqui?

– Está num ambiente seguro, amigo, não se preocupe.

– Que é você?

– Sou Tiriri, um servidor da Lei que foi enviado para te salvar.

– Salvar? Do quê?

– Não se lembra de nada?

– Não, nem mesmo sei quem eu sou!

– Ótimo, então o tratamento funcionou corretamente.

Nisso meu Senhor me falou: "Mostre-lhe com cuidado".

– Tratamento?

– Sim. Venha, preciso te mostrar algumas coisas...

E como foi comigo, fiz o mesmo com ele. Confesso que fiquei admirado com o poder que havia em mim. Conduzi o irmão a regredir ao passado até o recôndito de eras muito remotas de sua alma infinita, muito antes de ele se tornar um mero guerreiro indígena, quando fora um cruel algoz de comunidades inteiras. Desde então vinha vivendo como vítima para apagar a culpa desse passado. Como foi comigo, perguntei a ele, interrompendo o retrocesso por um instante:

– Quer que eu pare?

– Não, não pare!

Desta forma, as dores de suas vidas passadas se deram, o que o fez perceber que não era tão inocente vítima e que seus erros não iriam passar em branco. Em prantos, ele me perguntou:

– O que devo fazer agora?

– Não me julgo a altura de te responder. Por estarmos em ambiente isolado, posso até te chamar de amigo. Mas o que posso fazer é te transmutar e te entregar ao Senhor que requisitou o seu resgate. Certamente Ele poderá responder tua pergunta.

Assim o fiz, libertando-o através da chaga da fé, e ele foi entregue ao Senhor Oxalá-Yê. Algum tempo depois vim a saber que ele reencarnará na Europa, onde se tornou um padre jesuíta que veio para o Brasil, onde viveu o restante de seus dias ao lado dos indígenas aqui viventes. Tornou-se um defensor ferrenho deles e não poupou esforços para o bem-estar de seus filhos, como ele mesmo preferia chamá-los.

Nos dias atuais ele se apresenta em uma casa como Cacique Águia Dourada e é o mentor e guia-chefe de seu avô reencarnado.

São coisas como essas que me motivam a continuar meu trabalho nesse inferno das almas perdidas, sabiam?

Capítulo 9

Os Trabalhadoes

No livro ainda constavam outras quatro missões, das quais a última ainda está em curso e é melhor que permaneça em sigilo. Não quero pôr em risco a segurança do filho que está encarnado.

Mas uma coisa eu vi em comum em todas as almas que resgatei: a falta de amor-próprio. Se observarem bem, verão que o grande Mestre ensinou como uma das Leis máximas a seguir: "Amai ao próximo como a ti mesmo". Portanto, se não nos amamos, como iremos proceder como ele nos orientou? Só restará mesmo a sorte de infortúnios intermináveis nos umbrais da ignorância, amargando dissabores, como a humilhação, a ganância, o ódio, a vaidade, o ciúme, o rancor, a vingança e demais predicativos intermináveis que permeiam a escuridão da mente humana.

Não quero dizer com isso que sou perfeito e que estou isento desses sentimentos; muito pelo contrário, estou sujeito a eles tanto quanto vocês que habitam a ceara bendita da carne. Aprendi nestas centenas de anos de senda espiritual que somos frágeis diante de tantas tentações e que precisamos nos fortalecer a cada instante, inibindo os sentimentos ruins e semeando as virtudes boas aos olhos do Pai Maior que nos rege o tempo todo e durante todo o tempo.

Hoje sou um de Seus olhos, mas, como puderam constatar nestas breves linhas, já fui um dos vigiados e, graças a Ele, fui bem assistido pelo Senhor Omulu-Yê, meu Pai ancestral que nunca me abandonou e que governa meus passos, mas não de todos os senhores mestres de minha falange, atualmente com 62 degraus formados e completos. E a meta de 77 ainda irá ser alcançada. Bom? Não sei se posso dizer isso, preferia que os desencarnados fossem encaminhados para o lado positivo, mas a continuar assim, com essas disputas inúteis, a tendência é piorar cada vez mais.

Ainda bem que não sou o único por aqui, não é mesmo? Muitos outros relatos já vos foram passados por tarefeiros da escrita, como o filho que ora me serve, e tantos outros estão por serem revelados, com o intuito único de ajudá-los a entender melhor como são as coisas deste lado da vida. Alguns inimigos de nossa lida tentam constantemente vos ludibriar com falsos ensinamentos, mas logo são descobertos e aniquilados.

Quanto às minhas chagas, bem elas não são comuns a todos os meus trabalhadores. Seria impraticável aplicar tamanho suplício a todos que alisto para meu exército. Hoje elas representam ferramentas de trabalho importantes, mas custou-me caro aceitá-las e me perdoar foi muito difícil.

Isso só se deu quando percebi a utilidade delas e nas palavras do próprio mestre a me dizer: "Filho, eu te perdoo, mas se não fizeres consigo mesmo e não tomares as rédeas da charrua na senda divina, tuas chagas nada representarão, a não ser lágrimas e ranger de dentes". Por isso não procurem nos trabalhadores amigos que se apresentam nas casas com o nome sagrado de Exu Tiriri as mesmas características inerentes só a mim.

Porém, sempre que for solicitado eu me apresentarei e abrirei meus portais e me retirarei tão misteriosamente quanto entrei. É assim que funciona: quando um trabalhador meu incorpora em seu filho e risca seu ponto, quem o ativa sou eu e nele fixo meus portais sagrados, mas somente se o companheiro incorporado em seu filho solicitar, porque se estão portando meu mistério então possuem os graus de magia necessários para a execução de seus trabalhos independentemente de minha ação.

As ferramentas e demais elementos que utilizam variam de um para outro e dependem única e exclusivamente do grau de elevação que seus protegidos têm. Por exemplo, aqueles que têm a missão de reger uma casa como guia-chefe necessitam de ferramentas específicas firmadas em suas tronqueiras.

Todos são filhos de Omulu-Yê?

Não, cada um tem sua própria concepção na coroa divina.

Todos portam o mistério sete?

Depende de onde estão assentados em minha falange, e isso é um mistério que cabe somente a mim!

Mas uma coisa eu posso afirmar: todos nós temos uma coisa em comum, a traição de amores impossíveis, tal como ocorreu comigo no triste episódio da sinhazinha, lembram?

Como viemos parar na Umbanda?

É sabido de todos que essa é uma religião ancestral e foi inaugurada na terra como o alvitre bendito de auxílio a vós que estais encarnados, mas ela existe há tantos milênios, porém sem a necessidade de trabalhadores de nosso plano. Apenas com a instalação da dualidade no âmago do ser humano é que se fez pungente nossa imprescindível ação, para combater o mal, que figura no lado negativo da alma.

Somente os naturais que vivenciaram a experiência da carne é que podem combater com eficácia as vicissitudes do lado negro da vida. Isso surgiu com a queda dos espíritos advindos de outra esfera evolutiva e que passaram para um grau mais elevado.

E nosso planeta então se tornou de expiação e provas, porque, aos olhos do Pai, seus filhos devem expurgar por si mesmos os sentimentos mesquinhos e se elevarem. Daí a razão para tantas ignomínias narradas nos livros de história, como o holocausto e demais episódios sangrentos, que nos custaram muito trabalho e que até hoje são combatidos ferozmente.

A imagem da suástica que já viram muitas vezes é um forte e bem armado quartel, estabelecido no mais profundo dos infernos, para que tenham uma vaga ideia do tamanho de nossa missão.

As relações entre os grandes do embaixo se tornam cada dia mais abrangentes e, portanto mais cooperativas, mas não há aforismos e frivolidades a menos que estejamos confinados em nosso ponto de forças que são isolados. Por isso mesmo, se estão pensando em abrir uma casa, tratem de fazer com a máxima cautela e disciplina, senão o máximo que vão conseguir é incorporar em seus filhos uma porção de espíritos impostores e poderosos, que almejam pôr fim à nossa amada e milenar religião.

Conselhos são para ser ouvidos, mas, como cabe à voz o livre-arbítrio, reforço que o aviso foi dado e tenho certeza de que não fui o único a fazer isso.

Se sou o inaugurador deste trono?

Não. Existe um acima de mim e que é um encantado, natural da Lei, cujo nome sagrado não pode ser revelado, mas que aceitou o codinome Tiriri. A ele me reporto e presto contas, bem como meus falangeiros o fazem a mim, mas ambos devemos respeito ao Senhor Omulu-Yê. Aliás, é bom que saibam que em todas as hierarquias do embaixo há um nomeado de Mehor-Yê ou de Mahor-Yê, que são os regentes da dimensão de Exu. Somente esses Orixás podem nomear os guardiões como servidores da Lei Maior no embaixo da evolução humana.

Quanto ao mais, deixo a orientação que sempre que me saudarem no cruzeiro das almas de qualquer campo santo ou calunga, como preferirem chamar, ali vos atenderei. Mas também se saudarem nas campinas ou qualquer outro ponto de forças um dos meus comparecerá, tenham certeza, porque servimos aos sete mistérios de nosso Senhor. Mas nunca se esqueçam da fé.

De nada adianta nos prepararem oferendas maravilhosas, com bebidas e charutos, pois sem a fé tudo se torna efêmero, sem validade. Porque, dessas oferendas retiramos apenas os elementos fluídicos necessários em nossos trabalhos. Almas não têm vícios e nisso consiste o bom censo.

Por fim, deixo-vos com a máxima ensinada há 2 mil anos pelo Mestre:

"Àquele que tem será dado e, ao que não tem, até o pouco que tem será tirado".

Esse ensinamento não se baseia somente no tocante à fé, mas em todos os campos, e trata de uma escolha que vós sempre tereis de fazer. Àquele que tem: dinheiro, saúde, boa vontade, honestidade, bom senso, bom ânimo, será dado e multiplicado. E, aos que não têm: vícios, falsidade, ganância, ambição, etc., até o pouco que têm será tirado.

Mas o contrário é recíproco, a escolha pertence a vós. Com disciplina sabereis qual é a opção correta.

Por que digo isso?

Ora, porque a Umbanda é uma religião sagrada e cabe aos seus dirigentes orientar seus filhos no caminho correto. E essa foi uma das principais lições que o Grande Mestre nos deixou. Mas como não me cabe sentimentos, só posso lhes passar isso, pois não haverá piedade aos incautos.

Espero que esta minha breve biografia seja útil para ajudá-los na evolução.

Salve!

Exu Rei Tiriri